思想的・睿智的・獨見的

經典名著文庫

學術評議

丘為君 吳惠林 宋鎮照 林玉体 邱燮友
洪漢鼎 孫效智 秦夢群 高明士 高宣揚
張光宇 陳秀蓉 陳思賢 陳清秀 陳鼓應
曾永義 黃光國 黃光雄 黃昆輝 黃政傑
楊維哲 葉海煙 葉國良 廖達琪 劉滄龍
黎建球 盧美貴 薛化元 謝宗林 簡成熙
顏厥安（以姓氏筆畫排序）

策劃 楊榮川

五南圖書出版公司 印行

經典名著文庫

學術評議者簡介（依姓氏筆畫排序）

- 丘為君　美國俄亥俄州立大學歷史研究所博士
- 吳惠林　臺灣大學經濟系博士、美國芝加哥大學經濟系訪問研究
- 宋鎮照　美國佛羅里達大學社會學博士
- 林玉体　美國愛荷華大學哲學博士
- 邱燮友　國立臺灣師範大學國文研究所文學碩士
- 洪漢鼎　德國杜塞爾多夫大學榮譽博士
- 孫效智　德國慕尼黑哲學院哲學博士
- 秦夢群　美國麥迪遜威斯康辛大學博士
- 高明士　日本東京大學歷史學博士
- 高宣揚　巴黎第一大學哲學系博士
- 張光宇　美國加州大學柏克萊校區語言學博士
- 陳秀蓉　國立臺灣大學理學院心理學研究所臨床心理學組博士
- 陳思賢　美國約翰霍普金斯大學政治學博士
- 陳清秀　美國喬治城大學訪問研究、臺灣大學法學博士
- 陳鼓應　國立臺灣大學哲學研究所
- 曾永義　國家文學博士、中央研究院院士
- 黃光國　美國夏威夷大學社會心理學博士
- 黃光雄　國家教育學博士
- 黃昆輝　美國北科羅拉多州立大學博士
- 黃政傑　美國麥迪遜威斯康辛大學博士
- 楊維哲　美國普林斯頓大學數學博士
- 葉海煙　私立輔仁大學哲學研究所博士
- 葉國良　國立臺灣大學中文所博士
- 廖達琪　美國密西根大學政治學博士
- 劉滄龍　德國柏林洪堡大學哲學博士
- 黎建球　私立輔仁大學哲學研究所博士
- 盧美貴　國立臺灣師範大學教育學博士
- 薛化元　國立臺灣大學博士
- 謝宗林　美國聖路易華盛頓大學經濟研究所博士候選人
- 簡成熙　國立高雄師範大學教育研究所博士
- 顏厥安　德國慕尼黑大學法學博士

經典名著文庫016

單子論

萊布尼茲(Gottfried Wilhelm Leibniz)著
錢志純 譯、導論
王超群 策劃/整理

經典永恆・名著常在

五十週年的獻禮・「經典名著文庫」出版緣起

五南，五十年了。半個世紀，人生旅程的一大半，我們走過來了。不敢說有多大成就，至少沒有凋零。

五南忝爲學術出版的一員，在大專教材、學術專著、知識讀本已出版逾七千種之後，面對著當今圖書界媚俗的追逐、淺碟化的內容以及碎片化的資訊圖景當中，我們思索著：邁向百年的未來歷程裡，我們能爲知識界、文化學術界作些什麼？在速食文化的生態下，有什麼值得讓人雋永品味的？

歷代經典．當今名著，經過時間的洗禮，千錘百鍊，流傳至今，光芒耀人；不僅使我們能領悟前人的智慧，同時也增深我們思考的深度與視野。十九世紀唯意志論開創者叔本華，在其「論閱讀和書籍」文中指出：「對任何時代所謂的暢銷書要持謹慎的態度。」他覺得讀書應該精挑細選，把時間用來閱讀那些「古今中外的偉大人物的著作」，閱讀那些「站在人類之巓的著作及享受不朽聲譽的人們的作品」。閱讀就要「讀原著」，是他的體悟。他甚至認爲，閱讀經典原著，勝過於親炙教誨。他說：

「一個人的著作是這個人的思想菁華。所以，儘管一個人具有偉大的思想能力，但閱讀這個人的著作總會比與這個人的交往獲得更多的內容。就最重要的方面而言，閱讀這些著作的確可以取代，甚至遠遠超過與這個人的近身交往。」

爲什麼？原因正在於這些著作正是他思想的完整呈現，是他所有的思考、研究和學習的結果；而與這個人的交往卻是片斷的、支離的、隨機的。何況，想與之交談，如今時空，只能徒呼負負，空留神往而已。

三十歲就當芝加哥大學校長、四十六歲榮任名譽校長的赫欽斯（Robert M. Hutchins, 1899-1977），是力倡人文教育的大師。「教育要教眞理」，是其名言，強調「經典就是人文教育最佳的方式」。他認爲：

「西方學術思想傳遞下來的永恆學識，即那些不因時代變遷而有所減損其價值的古代經典及現代名著，乃是眞正的文化菁華所在。」

這些經典在一定程度上代表西方文明發展的軌跡，故而他爲大學擬訂了從柏拉圖的「共和國」，以至愛因斯坦的「相對論」，構成著名的「大學百本經典名著課程」。成爲大學通識教育課程的典範。

歷代經典．當今名著，超越了時空，價值永恆。五南跟業界一樣，過去已偶有引進，但都未系統化的完整舖陳。我們決心投入巨資，有計畫的系統梳選，成立「經典名著文庫」，希望收入古今中外思想性的、充滿睿智與獨見的經典、名著，包括：

- 歷經千百年的時間洗禮，依然耀明的著作。遠溯二千三百年前，亞里斯多德的《尼克瑪克倫理學》、柏拉圖的《理想國》，還有奧古斯丁的《懺悔錄》。
- 聲震寰宇、澤流遐裔的著作。西方哲學不用說，東方哲學中，我國的孔孟、老莊哲學，古印度毗耶娑（Vy　sa）的《薄伽梵歌》、日本鈴木大拙的《禪與心理分析》，都不缺漏。
- 成就一家之言，獨領風騷之名著。諸如伽森狄（Pierre Gassendi）與笛卡兒論戰的《對笛卡兒『沉思』的詰難》、達爾文（Darwin）的《物種起源》、米塞斯（Mises）的《人的行爲》，以至當今印度獲得諾貝爾經濟學獎阿馬蒂亞．森（Amartya Sen）的《貧困與饑荒》，及法國當代的哲學家及漢學家余蓮（François Jullien）的《功效論》。

梳選的書目已超過七百種，初期計劃首爲三百種。先從思想性的經典開始，漸次及於專業性的論著。「江山代有才人出，各領風騷數百年」，這是一項理想性的、永續性的巨大出版工程。不在意讀者的眾寡，只考慮它的學術價值，力求完整展現先哲思想的軌跡。雖然不符合商業經營模式的考量，但只要能爲知識界開啓一片智慧之窗，營造一座百花綻放的世界文明公園，任君遨遊、取菁吸蜜、嘉惠學子，於願足矣！

最後，要感謝學界的支持與熱心參與。擔任「學術評議」的專家，義務的提供建言；各書「導讀」的撰寫者，不計代價地導引讀者進入堂奧；而著譯者日以繼夜，伏案疾書，更是辛苦，感謝你們。也期待熱心文化傳承的智者參與耕耘，共同經營這座「世界文明公園」。如能得到廣大讀者的共鳴與滋潤，那麼經典永恆，名著常在。就不是夢想了！

總策劃 楊榮川

二○一七年八月一日

緣起

2006年11月16日錢志純主教與門生們相聚於基隆聖心中學，對於重新整理笛卡兒、斯賓諾沙與萊布尼茲三位理性主義大師的經典與導論這項工作，主教給予祝福，照片依序從右至左為田宜芳老師、王弘五老師、錢志純主教與王超群執行長與李匡郎老師。

錢志純主教是我走上思考之路的關鍵精神導師，他對笛卡兒、斯賓諾沙與萊布尼茲三位理性主義大師的經典翻譯與導論作品，都是過往臺灣思想界難得的優秀作品，啓迪了數十年來諸多菁英對西方哲學的認識。

有鑑於主教的這幾本著作出版的時空受限於當時的物質條件，在出版條件上還有些未盡事宜，因此十多年來我一直希望能有機會能將這幾本帶引我走入經典閱讀殿堂的作品重新編排整理，以新的面貌讓更多人能夠得到錢主教的精神導引，因此在我授業恩師王弘五老師著力安排下，二〇〇六年十一月十八日終於在主教的祝福下正式開始了這項工作，中間幾經波折，在今年眼看就要能完成這項別具意義的工作，非常使人遺憾的是最終還是沒能讓主教在離開人世前看見書籍的重新出版。

由於本書是錢主教原作的重新編排整理並非新作，因此在絕大部分的內容上還是保留了主教原作並未多做更張。

在此特別再次爲我敬愛的錢志純主教獻上無限追思。

王超群

於開放社會中心，臺北

二〇〇九年四月二十五日

理性主義總序

人爲萬物之靈，這是傳統的想法，爲什麼稱人爲萬物之靈呢？因爲人除了動物性之外，尚有靈魂，他具有兩種特有的功能，即理智和欲望。理智是求知的工具，他的對象是眞理，而望卻是求美求善的動力。

人的理智通常外文以reason或intellectus來稱呼他，中文通常以理論及理解來表達，總的來說，我們稱人是理性動物。人因理智的功能，突破許多自然的限制，改造我們的官能，提升我們的能力，使人類有進化，因而我們人類有文化，更新人類的生活環境及生活的品質。

理性主義一詞，是稱呼從中古哲學發展出來的哲學，認爲理性是人的唯一本質，甚至把他提升到天主的地位。自此把方法，變爲絕對的主體。

大家都認爲笛卡兒爲理性主義的始祖，且以他的《我思故我在》出版的那一年一六三七年，爲理性主義時代的開元，歐洲大陸理性主義，可以法國的笛卡兒，德國的萊布尼茲及荷蘭的斯賓諾沙來代表。

理性主義者的共同特點是懷疑一切眞理，但事實上他們不否認絕對眞理的存在，只是反對一切成見及權威的教導，尤其是來自啓示（revelation）的傳授。問題是如何去把握眞理。若我們把哲學的研究放在萬物存有的探索上：「什麼是存有」，那麼上古及中古的哲學是在提供「什麼是存有」的內容。但由於個人所提供的答案不同，而有早期的懷疑論的出現，對認知的眞確性發出挑戰。於是對肯定有絕對眞理者，提出：「什麼是眞的有」的判準？於是哲學的探討，由形上學「什麼是存有」而轉爲「什麼是眞的存有」的認識論，由求什麼是存有，而成爲求什麼是眞。

笛卡兒的存有之眞是明顯而清晰的觀念（idea clara et distincta）：我思故我在。由於有懷疑思想存在，不然則不會有懷疑的現象，顯然懷疑的主體自我的存在是自我透明的，他是千眞萬確的第一事實，自我不能懷疑起是其主體「自我」的存在，由此而有明顯眞理，「我思」的直觀，即我思直接顯露其存在的事實。以後藉理性的因果律，推演出「不能錯誤而不能欺騙者的天主」之存在。他保證著周圍一切事物的確實性。

萊布尼茲認爲組合物的存在是一直接明顯的事實，既然有組合物存在，則必然有其最原始的組合單元存在，他稱這個最原始的元素爲單子（monad）。他是萬物的最原始元素，他是無形的，是一沒有體積或擴展（extension），而是一趨向（appetite）明顯的知覺（perception），由是他的哲學是一個封閉的系統，因爲單子沒有窗戶，外在宇宙無法進入，而單子也不能與外界交通。萊布尼茲以其數學的天才，似乎難不倒他無限分割的問題，又以其心理學家的奇妙例子，來說明如何從無形的單子，像從下意識的無知覺的知覺的累積，而形成到意識體積（extension）的存在。

斯賓諾沙很推崇笛卡兒的幾何式的演繹，但不贊成哲學的研究應以懷疑論開始。哲學研究必須由把握一眞觀念開始，他是猶裔的荷蘭人，從小受的是猶太教的教育，成長過程又深受新的思潮的衝擊，由於他的文化背景，他認爲他有至高至眞的觀念，即天主。他對天主的了解和猶太教的傳統不同，也和基督教的詮釋不同。天主不是別的，就是自然，而自然就是天主的表現，因此有人說他是無神論者，也有人說他是泛神論者，爲此他受到猶太教及基督教的排斥。但他的主要著作《倫理學》是大家所公認的最嚴謹的哲學體系，是他對宇宙大全的看法，他謙遜地說，他不認爲自己的哲學是最好的哲學，但肯定自己懂得眞正的哲學。西方近代哲學家中，很多推崇他的哲學體系，尤其對他的人格推崇備至。黑格爾曾說，一個人必須先成爲斯氏哲學的學者，然後才能成爲哲學家。

斯氏肯定宇宙中只有一個實體，他即是天主或自然，他有無數的屬性，但爲我人所認識的只有二個，即心（Mind）與物（Body）。屬性與屬性之間，各自獨立，互不溝通，互不影響，每一屬性有他自己的模態，即一系列的自己模態。心與物之間之聯繫程序，或一屬性的模態與另一屬性的模態之間的關係程序，皆是預定了的，必然的，一如萊布尼茲的單子中的預定和諧，心有所思，物有同感，此非心感影物，或物感影心之結果，乃是心物屬性之間的平行律（parallelism）。一切都是預定了的。所以理性主義者都肯定先天論，後天的歸納，總無法達到先天的，必然的原則，這也是爲什麼導致康德創造「先天綜合論」的論說，而拋棄經驗主義的習慣成性的說法。

這三位理性主義哲學家，各在自己的思想體系裡，如何把握世界的眞知識及明瞭人生的意義。他們都是偉大系統的哲學家。他們所倡導的學說，雖沒有照單接受，但他們所提出的問題，及幾何式的愼密的推理程序，哲學體系的一致性，普遍爲後人所嚮往。

理智是人之所貴，但如果只以理性爲眞理的唯一判準，則人生就顯得太貧乏了，許多倫理的價値、藝術的價値、歷史的價値、人情的價値、宗教的價値等等，都被排斥於眞理的判準之外，被認爲沒有價値，則難免把人生看的太貧乏，太枯燥了，沒有達到對宇宙整體的認識。比如他們三人都關心天主的問題，笛卡兒推崇天主是明晰觀念之保證者，萊布尼茲認爲天主是單子的單子，最高等級的知覺，斯賓諾沙承認只有天主即自然是實體（substance），心與物，皆爲此唯一實體的屬性，天主是生產自然，宇宙萬物是被產自然。他們三人都陷入二元論的困境而難以自拔，他們所把握的實際只有觀念的世界而已，即以萊布尼茲來說，雖然單子無數，而萊布尼茲只是無數單子中的一個而已，因爲單子是一封閉系統，外物不能影響，則應當說在萊布尼茲這單子內，已具備這單子世界內的一切知覺，到末了必須承認，萊布尼茲只把握萊布尼茲自己的單子，對其他單子存在與否或如何，只能在自己的單子中知覺到，對外界的一切什麼也不於肯定。

以上我對理性主義的評估，並不是否定理性的功能，及它給人類帶來輝煌的文化成果，但當我們推崇它時，應當認清它的限度，而知道肯定理性之外的判準，許多價值不是理性所能一手包辦。理性爲人生是絕對重要的，對一位學哲學的人來說，不明瞭理性主義，不能進入哲學的堂奧。在推論方面，理性主義特別著重前提的眞確性，因爲從錯誤的前提，能導出任何的結論。一次我問一位共產黨員，爲什麼要這麼凶狠地磨難信仰人士，他說：我相信唯物主義。我回答他說：無神唯物主義是眞的嗎？你可曾檢討過這問題嗎？我對他說：你們共產黨人最相信科學，不是嗎？他肯定的說。我對他說：科學只能研究「有」，不能研究「無」，因爲科學的功能是藉「果」推出「因」，沒有「果」，則科學無用武之地，他最多只能說自己一無所知，或比較保守一點，只有啞口無言，默認無知，這才合乎求眞的人。爲一不願自欺欺世的人，及信口辯論的學者，實有向理性主義學者的求眞的，及他們高尚的人格。理性主義已逝去。但他們對理性的追求及對理性所嚮往的終極眞理，永遠揭示人生的眞實意義。

錢志純

二〇〇七年七月八日

目次

萊布尼茲哲學導論

錢志純

一、傳略

Gottfried Wilhelm Leibniz 西元一六四六—一七一六，中文譯名：萊布尼茲，一六四六年七月一日誕生於德國萊比錫城（Leipzig），一七一六年十一月十四日逝於德國漢諾威城（Hannover）。享年七十歲。萊布尼茲一生致力於各種不同的文化活動與研究。由於其稀世才華，被譽為形上學家、神學家、數學家、心理學家、史學家、工程師及語言學家等，實皆當之無愧。這些應歸於萊氏在知識的園地裡，鑽研幾深而獲得的卓越成就所致。因此，介紹萊氏生平，比介紹其他思想家，對於初學者來說，更為重要。其生可略分為下列三個階段敘述：

（一）教育及初期著作，此期止於一六七二年；

（二）成長期：自一六七三年起，至一六七六年止；

（三）成熟期：始於萊氏在漢諾威城擔任圖書館長，迄至逝世。此期因所從事的各種事業，促使萊氏展現其才華而成為西洋近代史上，最偉大的思想家之一。

萊布尼茲的重要性

在二十世紀初期極盛，而至今仍深具影響力的邏輯實證論與分析哲學，推崇萊布尼茲爲其創立者。A. Whitehead譽萊氏爲「世紀的天才」[1]，Philip P. Wiener認爲萊氏是屬於文藝復興及啓蒙時代的人[2]，而Ivor Leclerc亦認爲，從萊布尼茲比同時代任何其他的思想家更洞悉自然科學的哲學基礎（例如，萊氏的物質原子觀與肯定物質爲能）[3]看來，萊氏的學說無疑的對今日科技的發展具先見之明，其學說與當代思想有特殊的關係。

而萊布尼茲的「全和」（Universal Harmony）理想。對今日世界政經局勢發展尤爲重要。雖然萊氏的哲學問題，主要爲探討個體與其能力，但最後的目的是宇宙整體的和諧與統一。而此「全和」正呈現上帝的「預定和諧」（Pre-estabilished harmony）之秩序；換言之，上帝實爲宇宙萬有之全和，以及蘊涵於事物中的和諧

【1】Philip P. Wiener, Leibniz Selections, New York, 1951, p.xi.

【2】Philip P. Wiener同書，同上。

【3】Ivor Leclerc，同上，Prefece, p.xi-xii

之原則[4]，因此，「全和」之境亦即默觀上帝的福境。此外，萊氏固然主張多元實體而認爲人是宇宙的一面鏡子，但他卻只反映宇宙整體的某部分，故惟有分殊的實體彼此合作，才能共同襯托出自然宇宙完美的和諧與秩序。由此看來，萊氏的精神不外乎追求統一與和諧。生爲二十一世紀的人類，所處的環境既爲已不能孤立生存的多元性社會，如何從不同文化所導致的分歧思想中，實現大同的理想，萊氏學說提供了啓迪與助益。

第一期　教育及初期著作

萊布尼茲的祖先，原屬斯拉夫族，父親爲一名律師兼萊比錫大學的倫理學教授。萊氏幼年接受正規教育，由於聰穎過人，其大部分的知識皆由其父的圖書室中獲得，好奇與興趣是他的導師。萊氏自修希臘文及拉丁文，並能閱讀希臘與拉丁文名著，例如，柏拉圖、亞里斯多德的著作，維吉爾的詩集等，甚至能把握其主要思想與表達之語法。他的格言是：「在行文措詞及心靈的各種優點上尋求明

【4】Ivor Leclerc，同上，p.36.

晰，在做事取材上講究實用」。總之，在短短幾年中，萊氏除上述名著之外，還吸收士林哲學及神學之精華。他曾說：「在士林哲學的糟粕中，我找到了隱藏的金子」。又從十五歲開始，萊氏亦研讀近代哲學家，如培根、霍布斯、笛卡兒等人的著作。他的興趣由是轉向數學，這時他已進萊比錫大學研究哲學，受業於當時名哲學家托瑪休（Jacobus Thomasius）。一六六三年提出學士論文，論題爲：「論個體原則」（De Principio Individui）。旋後，赴耶那（Jena）大學聽名數學家魏格（Erhard Weigel）之課。萊氏見到數學演算之精確，有意在哲學上發明類似的演算規則，遂將其構想發表在一六六六年的論著《論演算術》裡；方法是運用分析，分離日常觀念中的單純觀念，然後給每一個單純觀念一個固定的符號，待這些思想的名詞及符號既定之後一切哲學的問題，類似數字的演算，皆可約化爲邏輯的演算。萊氏舉出定言三段論證的一切可能形態，做爲此哲學演算的例子，這本論著對萊氏以後的著作，似乎具有關鍵性的重要，因爲其中蘊含微積分，以及「普遍特性（Caracreristica universalis）」的萌芽觀念。萊氏認爲這些觀念係出自他本身思想的發展，而非從外來的影響所獲得。

在耶那大學修完課程之後，由於年歲過輕，萊氏未能獲得博士學位。他於是決意到諾林城（Nuremberg）附近的古莊（Altdorf）攻讀法律，一六六六年，考取法律博士，論題為「法律中的難解個案」（De casibus perplexis in jure）。在法律領域裡，萊氏亦設法尋找新的規則。他不贊同法律上一些矛盾的案件以訴諸前例來解決，或任法官個人的仲裁，或懸議否決，而願意在法律原則內另尋解決難解個案的途徑。他認為如果人為法無法實行，則應訴諸自然法，因為自然法是人為法的基礎。

在諾林城居留期間，萊氏參加了「玫瑰十字會」（Rosen Kreuz），該會為一種學人組織，專門從事研究祕學，名聲頗大，笛卡兒曾想加入而未能成功。萊布尼茲不僅加入，而且成為該組織的祕書，得以涉獵煉金術的著作，惟他沒有接受其迷信觀點，卻專心致力於化學研究，從此以後，終其一生，萊氏對化學始終保持極大的興趣。

第二期　成長期

萊氏在諾林城居留期間最大的收穫，當推於一六六七年春，結識了卜內埔男爵（Baron of Boyneburg）。卜氏為當時德國最負盛名的政治家，曾任孟茵城

（Mainz）選舉侯的機要顧問。兩人不久即成爲莫逆之交，這事對萊氏的前途實爲一大轉捩點。從此以後，萊氏越出其過去的學術生涯，開始與廣闊的政治社交領域接觸。他因卜氏的推薦，參與當時政治的一切重大問題。一六六九年，萊氏按照幾何的方式撰寫一本《擁護選舉波蘭國王的政治論證舉例》；一六七〇年，又寫一本有關保證德國內外安全的論著；並於同年，被任命爲孟茵城選舉侯的機要顧問。

雖然萊氏在政治上非常活躍，但他未放棄研究哲學與科學。一六六七年，於赴古莊途中，撰寫了一本法律論著：《法律教學新法，（附法律上之需求目錄）》，翌年，他將此書獻予孟茵選舉侯。一六六八年，由於卜內埔男爵之請求，又撰寫一本《大自然控告無神論者》以擁護宗教信仰。萊氏服膺培根的主張——少量的哲學知識使人遠離宗教，多量的哲學知識卻引人歸向宗教，認爲一切物理現象固然能以大小、形態及運動來說明它，無需乞助於精神的原因，但這些現象具有的固定性質，則不能僅以空間及有形物說明，空間的問題涉及物體無數其他的形態與運動。一物體在其無數可能的性質中選擇了這些性質，而不選別的，此事非肯定有一無限原因不可。

這段期間，萊氏專心研究實體的問題。他認爲笛卡兒把物體視爲擴延之理論並不正確。萊氏發現物體具有一種超乎擴延，獨立於擴延的東西，稱爲實體；此實體觀念雖取自於傳統的形上學，但他亦不排斥新的說法，肯定實體是一種居於有形與無形之間的東西。他與亞諾德（Arnauld）互通書函，主要爲討論這個問題。由此，萊氏不但獲得了書籍及教學上所有的一切哲學與科學的知識，並且也悟到研究學問的正確目的在於窮究物理，充實哲學，發掘它們之間的聯繫。

萊布尼茲所策畫的推進文化之計畫中，有一項是爲當代文化之敵而設的；此文化之敵即威脅德國及歐洲的法國國王路易十四之軍隊。萊氏曾構想說服路易十四出兵攻打埃及，殲滅土耳其，解除歐洲受蠻族侵略的危機。由是，萊氏被任命爲欽使，於一六七二年三月前往巴黎，將詳細記載其計畫之備忘錄，呈獻予法王路易十四，證明出兵埃及之必要及用兵之步驟。然而此計畫卻爲路易十四所摒棄，萊氏的計畫遂告失敗。他愧於返回孟茵而申請逗留巴黎。三年間，萊氏在巴黎獲益匪淺，巴黎爲當時歐洲文化中心，天下英才齊集於斯，他因而結識了不少著名的學者。除了面晤曾與通訊的亞諾德之外，亦與名數學家及天文學家慧根司（Huygens）相互研究巴斯加的著作。費賢（Kuns Fisher）在哲學史上述說：「巴黎的歲月對萊布尼茲十分重要。蓋當時之局勢，若欲成爲歐洲之學者，非先成爲法國的學者不可；因此，萊布尼茲在巴黎成為世界著名的數學家，假使他在德國，恐無法獲得如此的成就。」

在巴黎期間，萊氏研究他人的發明而本身亦有所發明；例如，他研究巴斯加的計算機，不滿意它的功能，因為該計算機只能做到加減而已。他於是運用匠心，予以改良，終於發明了除加減之外，亦能乘除以及開方的新計算機。又於一六七六年，再次發明數學史上最重要的學說——微積分，使他躍為世界上最偉大的數學家之一。關於微積分的發明，曾掀起爭論，有人認為是牛頓，到底誰發明此方法，牛頓抑或萊布尼茲？據悉萊氏於一六七三年到英國，居留了三個月，曾與英國的著名學者，尤其與物理學家波伊爾（Boyle），數學家歐登伯格（Oldenburg）來往，萊氏告訴歐氏自己發明了一種新的數學方法，歐氏亦說，牛頓已有了類似的發明，萊氏於是立即擴展其學說，使其精確性與牛頓之理論完全相等，因而引起牛頓與萊氏，誰發明微分學之爭論。其實，他們各自發明了此項學說；牛頓於一六六五年發明新微分法，亦即流數法。他將函數的變化比擬為物體的動，且以速度觀念作為其微分法的基礎。萊氏的發明稍後，係以形上觀念為出發點，引用無限小的量觀念做為其微分學的基礎，而此方法之所以能有如此廣泛的運用，還是得力於萊氏所構想的算術。

一六七六年卜內埔男爵及選舉侯若望菲利浦（John Philip）相繼逝去。萊氏與孟茵選舉侯的關係，日漸淡薄，遂應勃郎雪維與魯內堡公爵腓特烈（Frederick of Brunswick-Luneburg）之邀請，返回德國，出任漢諾威（Hannover）圖書館長。在離開巴黎後，他取道英國，與牛頓之友，幾何學家柯林（Collins）會晤，復經過阿姆斯特丹（Amsterdam），訪問斯賓諾沙，多次與之交談，討論有關形上學及笛卡兒所擬「動」的規則問題。

第三期　成熟期

一六七六年底，萊布尼茲抵達漢諾威城，就任圖書館館長及公爵之顧問，除了四次或五次出使與考察之外，終其一生再沒有離開漢諾威城。萊氏在那裡受到普遍的尊敬，且運用影響力，親自參與歐洲一切重大的事件。在這段期間，萊氏致力於實現他在孟茵及巴黎時期的理想，故可稱爲其偉大的事業時期，而他亦從此成爲著名的數學家、宗教學家、史學家、政治家及哲學家等。

一六八七年到一六九〇年間，萊氏遍訪德國與義大利的圖書館及檔案，搜集公爵之家譜資料，並將之公布於一七〇一年至一七一一年間，可惜他所欲撰寫的編後語，卻未完成。

萊氏曾經爲天主教與新教的合一而努力；漢諾威公爵雖是天主教徒。萊氏爲此而邀請許多著名宗教人士，如法國鮑蘇愛樞機等，商討此問題，惟因時機未熟，致使其壯志未酬，然而從現代的觀點看來，我們不能不讚嘆他高瞻遠矚的預見及大公的精神。

萊布尼茲洞悉宇宙中有一普遍的秩序，超越一切且包容一切，各種不同的觀點皆能在此和睦共存。根據對此普遍秩序的體驗，他發起歐洲學術共和國運動，通過各國已有的科學院，而設立一種科學的共同機構，亦即國際科學院，使全歐洲科學家匯集於斯。一七〇〇年，他仿照巴黎及倫敦的科學院，在柏林創辦了一科學之會，此係歷史上著名的普魯士科學院之前身。萊氏不僅注意歐洲，也注意遠東的學術。當時東西之交通已有發展，許多傳教士由歐洲到中國傳教，並將中國的情形向歐洲人士報告。萊氏從格利孟地（Grimaldi）神父，獲悉中國皇帝重視科學，以及中國亦有科學家的消息，遂意圖與中國有文化上之交往。適值俄皇彼得大帝在東歐策畫文化復興，聘請萊氏爲顧問。一七一一年，他前往俄國，向沙皇提供民間科學與倫理組織的意見，並建議設立類似柏林科學院，參加國際性的科學機構。

萊布尼茲所有科學與哲學的著述，幾乎全部分散在其書函及一些短篇論文之中。一六八四年，在《博聞錄》（Acta eruditorm）雜誌上，刊出〈最大與最小公約新法〉（Nova Methodus pro maximis et minimis），發表微分法的基本原則。其他有關此方面的著作，大部分爲手抄本，收集於《普遍算學》（Mathesis Universalis）與《數學初基》（Initia Mathematica）兩書中。

在萊氏的著作中，一六八六年的《形上學序論》（Discursus Metaphysicae）此爲其思想系統的重要論著。一六九五年的解決笛斯二氏留下之問題《自然及實體交往的新體系》（Nova Systema naturae et communicationis substantiarum）；一七一四年的《依據理性之本性及超性原則》（Principia naturae et gratiae ratione fundata），以及同年的《單子論》（Monadologia）爲其形上學的基本著作。一七〇五年的《人類悟性新論》（Nouveaux Essais sur l'Ertendement Humain）爲其知識論要典，該書係答辯洛克之《人類悟性新論》所引起的問題。以上諸書，萊氏生前皆未出版，唯一出版的著作《神義學》（Theodicea），此係因Bayle的一篇批評羅紫柳（Rorarius）文字而撰寫。總之，萊氏從未對其思想做過系統性的介紹，因此，上述的幾部著作成爲研究其思想的主要泉源。

萊布尼茲的晚年生活曾遭不幸。由於他的興趣極廣，外加的職務亦多，使他無法專心於歷史考證之本職。當愛護他的莎菲亞（Sophia）公主逝世後，繼位者遂苛責與凌辱他，這位偉大的思想家竟在被人遺忘中，黯然逝去。時爲一七一六年十一月四日，不但草草被埋葬，甚至連宗教儀式也沒有，只有他的祕書送殯。一代偉人竟如此下場，如何不令其朋友慨嘆說：「他沒有被當爲人看待，更似乎被視爲強盜，然而卻是其祖國的榮耀。」

萊氏雖非專務於哲學，但具種種活動，則表現他實爲一位傑出的思想家。他能將任何特殊問題歸納於一普遍秩序，其哲學活動，亦不外乎證明此秩序之可能與存在。羅素說：「萊布尼茲是一切時代的最高精神之一，他係一位偉人，而他的偉大在現在則比過去任何時代更爲明顯。」[5]，羅素的話沒有錯，他可謂眞正認識萊布尼茲。

【5】B. Russell, History of Western Philosophy, 6th ed. 1957, p.619

年譜

一六四六年六月廿一日（新曆七月一日），生於德國萊比錫（Leipzig），取名哥弗理德．威廉．萊布尼茲（Gottfried Wilhelm Lebniz），其父爲萊比錫大學的倫理學教授，萊氏聰慧過人，自幼即被稱爲「神童」（Wundenkind），尤酷愛歷史與書籍。

一六五四年　學會拉丁文，能讀拉丁文著作，亦能作拉丁詩。

一六五八年　學會希臘文，能自解疑難，也學邏輯學。

一六五九年　讀蘇亞萊（Suarez）著作，猶如他人之看小說。

一六六一年　入萊比錫大學攻讀法律，但先在文學院讀兩年哲學，以詹姆托馬休Chr. Thomasius, 1655-1728）爲其師，接觸近代哲學家如培根、霍伯、伽森提（Gassendi）、笛卡兒、柏克萊、伽利略等之著作，對士林哲學亦常涉獵，其思想律徘徊於亞里斯多德之實體形式、目的因與近代機械主義之間，最後，機械主義占上風，設法與亞氏思想配合。康德前期之哲學家，以萊氏受亞里斯多德與士林哲學之影響最深。

一六六三年　以《個體原則論》（De Principio indvidui）獲得學士學位。其後繼續唸法律，共三年。同年曾赴耶那（Jena）研究數學，拜哀哈魏格（Erhard Weigel）爲師。

一六六六年　因年幼校方不授予博士學位，遂赴諾林堡（Nuremberg）之亞力弗（Altdorf）大學，獲法律博士學位。校方聘請爲教授，萊氏婉拒之，結識當時名政治家若望包納步（Johann Von Boineburg）。

一六六七年　包納步帶萊氏到法蘭克福（Frankfurt），介紹給孟茵總主教（Mainz Johann Philipp von Schonborn）。撰寫《法律教學新法》（Nova Methodus docendae disecndaeque jurisprudentiae）。爲孟茵總主教參贊，協助處理各種要務，尤以科學及政治方面之文件爲主。

一六七一年　撰寫《新物理學之假設》（Hypothesis physicae novae）。

一六七二年　出使巴黎，遊說法國國王不要侵犯荷蘭，法王不採納其建議。包納步逝世，遂留居巴黎，結識安東亞諾德（Antoine Arnauld）、馬萊勃朗士、克利丁霍根斯（Christian Huygens）、鮑蘇愛（Bossuet）樞機等。

一六七三年　奉命訪英倫，結識歐登堡與包萊（Bayle Robert）。三月孟茵總主教逝世，遂失業，但不久與白朗威克伯爵（Brunswick-Luneburg）訂約，受聘為漢諾威伯爵圖書館長，但仍寄居巴黎。

一六七五年　發明微分法。

一六七六年　發明微積分。萊氏未知牛頓於十年前已發明，而於一六八四年公布微分法，一六八六年公布微積分。

一六七六年　回德國，取道倫敦、阿姆斯特丹、海牙而抵達漢諾威。在海牙會晤斯賓諾沙，在此前曾與斯氏通訊，此次會面後開始常批評斯氏，稱他為自然主義、盲目之必然主義、否認自由與天主照管之無神論者。在白朗威克家工作，編其家譜，但其興趣仍舊為多方面。

一六八二年　出版《博學事錄》（Acta Eruditorum）。

一七〇〇年　由莎菲亞之協助，到柏林，同年創柏林科學協會，被選為第一任主席，此協會為普魯士科學院之前身。撰寫《原神論》，並致力基督教合一運動（Systema Theologicum）、基督教國聯盟或歐洲聯盟。

一七〇五年　莎菲亞逝世。

一七一一年　基督教國聯盟對抗非基督教國運動失敗，從此，未再前往柏林與沙皇彼得大帝聯絡。關心中國及遠東文化。

一七一二年——一七一四年　漢諾威選舉侯成爲英國喬治一世，但沒有邀萊氏到倫敦。

一七一六年　溘然長逝。

著作

Emile Ravier於一九三七年的萊布尼茲著作書目（Bibiographie des oeuvres de Leibniz）中列了九百種，翌年 Paul Schrecker在《法國及外國的哲學雜誌》（Revue Philosophique de la France et d'etranger）第二六卷，第三一四頁始，刊出補遺，列出了出版萊氏著作的出版家，超過三百人之多。其信札已經出版者達八百多件，仍有許多文件藏在私人的圖書館中。

萊氏的重要哲學論著根據Emile Boutroux的單子論註釋：

一六八四年：Meditationes de cognitione, veritate et ideis.

一六八六——一六九〇年：De vera methodo philosophiae et theologiae.

一六九一年：Si l'essence des corps consiste dans l'etendue.

一六九三年：De notionibus juris et justitiae.

一六九四年：De primae philosophiae emendatione et de notione substantiae

一六九五年：Systeme nouveau de la nature et de la communication des substances

一六九六年：Von Nutzen der Verunftkunst oder Logik

Von der Gluckseligkeit

一六九八年：Historia et commentatio linguae charactericae

De ipsa natura sive de vi insita actionibusque creaturarum.

一七〇四年：Nouveaux Essais sur l'entendement humain

本書爲萊氏哲學論著中最重要的一部，萊氏先告知洛克對其哲學的感想，洛克不予答理，於是萊氏把這些感想筆錄成書，以對話的方式敘之。書中Philalete爲洛克的代言人，把他的哲學思想逐一陳敘。Theophile代表萊氏自己，把他的哲學思想逐一予以批評。

一七〇五年：Considerations sur le principe de vie.

一七〇六年：Lettres au p. des Bosses.

一七一〇年：De Libertate; De la Sagesse; Essais de Theodicee.

一七一四年：La Monadologie; Principes de la nature et de la grace.

一七一六年：Correspondance avec Clarke.

萊氏哲學著作集校訂版：

G. N. Leibnitii Opera Omnia萊布尼茲全集，爲L. Dutens主編，共六冊，一七六八年在日內瓦出版，相當完備。

G. W. Leibnitii Opera Omnia萊布尼茲全集，爲E. Erdmann主編，共二冊，一八四〇年在柏林出版，一九五八年在Aalen再版，有用而可靠的版本。

G. W. Leibniz, Philosophische Schriften萊布尼茲哲學論著，共七冊，爲G. I. Gerhardt主編，一八七五—一八九〇年在柏林出版，一九六〇年再版，本集爲研究萊氏哲學思想不可或缺之要典。

G. W. Leibniz, Mathematische Schriften萊布尼茲數學論著，共七冊，爲G. I. Gerhardt主編，一八四九—一八六三年在柏林出版，一九六二年在Halle再版，爲很有價值的哲學性著作。

Opuscules et Fragments inedits de Leibniz萊布尼茲不曾出版之小品殘簡，爲

Louis Couturat主編，一九〇三年在巴黎出版，一九六一年再版，該集爲萊氏邏輯及知識論重要文獻。

G. W. Leibniz, Samtliche Schriften und Briefe萊布尼茲論著及書信集全，由普魯士學術院主編，原計畫出四十餘冊，但自一九二三年以來，只出了三冊，即哲學函件一冊，及哲學論著二冊。

優秀英文譯本有：

G. W. Leibniz, Philosophical Papers and Letters萊布尼茲哲學論文及書信，由L. E. Loemker主編，共二冊，一九五六年在Chicago出版，一九六九年在Dordrecht再版。

G. W. Leibniz, Philosophical Writings萊布尼茲哲學論者，由Mary Morris和G. H. R. Parkinson翻譯，一九七三年在倫敦出版。

了解萊布尼茲哲學體系的必讀書：

(1)Discours de Metaphysique et Correspondance avec Arnauld

(2)Le Systeme de la nature et de la communication des substances

(3)La Monadologie

在爲數甚巨研究萊布尼茲的著作，下列諸書值得優先參考：

(1)羅素的A Critical Exposition of the Philosophy of Leibniz一九〇〇年在劍橋出版，他有多種外國譯本。

(2)Ivor Leclerc主編的The Philosphy of Leibniz and the Modern World一九七三年在Nashville出版。

(3)Emile Boutroux註釋的La Monadologie，一九五六年在巴黎重版。

(4)Pierre Burgelin的Commentaire du Discours

(5)Georges Le Roy註釋的Discours de Metaphysique et Correspondance avec Arnauld一九五七年在巴黎出版。

二、哲學體系

1. 無形的原子

萊氏形上學的出發點與古希臘時期的原子論相同，即承認有組合物存在，此爲顯明的經驗事實，而不容我們有置疑的餘地。但由於組合物的存在，亦必須承認有單純之物的存在，因爲，如果一組合物係由另一些組合物所構成，後者又爲其他組合物所構成，則分析至最後，仍是一些組合物而等於什麼也沒有分析，對於組合物的元素也一無所知，所以，必須有一些原始的第一元素，做爲一切組合物之起點。該元素必須是單純的，就是說，它沒有部分。關於這一點，一切原子論者皆有共同的看法。

但古典原子論者對原子的單純性沒有做進一步的研究，他們認爲所謂單純的元素即一些不能分割的微物。萊布尼茲是一位數學家，他立刻察覺這種論說的不妥，因爲一切物體無論它如何微小，仍帶有體積，有了體積就能被分割，因此，帶有體積之物顯然不能稱爲單純之物，而帶有體積之原子，或不能分割的體積亦屬謬論，由是，應當承認實體的原始元素雖然是一些原子，但它們乃一些沒有體積的原子，亦即一些無形的原子。

2. 無形單子的存在

無形的單子既然不可視見，吾人又如何能證明其存在呢？萊布尼茲認爲有一顯明的事實能證明它們的存在，那就是我們的內在經驗，或「自我」所提供的有關這種單子之典型的顯明事實。我們知悉「自我」是一個精神體，完全單一且不可分割，這豈非一個無形單子的顯明模型嗎？事實上，無論我們如何思想、願望、感覺，但意識到這一切活動的自我，而這作爲個體的自我卻是一精神體，我不能懷疑他不是一個實體，它是單一的，不可分割的，即使在自我身上有各種不同的感受，然而自我常維持其統一或單一性，它即是實體的無形原子，而萊氏稱之爲「單子」（「單子」之名稱取自希臘字Monas，即「單一」之意。），並設想整個宇宙係由成千成萬的此類單子所組成，它們類似我們內在經驗所揭曉的「自我」之單子。

這是無形單子存在的基本論說，它尙需下列進一步的說明與解釋。

3. 單子的性質

單子既然沒有體積與形狀，換言之，它們既然沒有分量的特徵，因此也不能以分量來區別它們。但它們係一實有而非虛無，所以，必然具備一些性質，否則連其存在都成了問題。萊布尼茲認爲單子的特徵或要素是類似「自我」中所發現的兩個特徵或要素——知覺（Perception）與欲求（Appetition）。

稱呼單子爲「知覺」，是說它具有全宇宙及其自身的表象，萊氏認爲宇宙萬物是渾然一體，也就是說，萬物皆關聯，而且一物與現在以及過去的宇宙多少有直接的關係，所以，單子在表象一物時，在某一角度之下，連帶地表象了宇宙一切，由是，單子遂有「宇宙的鏡子」，「涵蘊大宇宙的小宇宙」，「小天主」等之稱呼。

至於說單子是「欲求」，此係意指它具有一種傾向，一種動力，而不斷地從一知覺的狀態推進到新的知覺狀態。單子的這種傾向統制一切感覺；快樂與痛苦，願望與情緒皆以它來說明。它又是第一動力，因爲意志不外乎理智光照下的欲望，而欲望之成爲行動，是依照理智表現給他的對象之可能或不可能，適合或不適合而定。

單子除了上述的知覺與欲求之外，無其他的特徵，但萊氏卻主張欲求並非獨立的特徵，它本身涵蘊於知覺之內，所以分析到最後，單子的元素乃具有「衝力」（Conatus）或「能」（Dynamics）的知覺；單子的傾向即由模糊的知覺趨於明晰的知覺，換言之，一切號稱爲「小天主」的單子皆竭盡所能，傾向於主宰一切宇宙萬有的天主。

4. 微小知覺

如上所述，萊氏借用我們內在的經驗，證明無形單子的存在，並且以自我爲例而肯定單子的性質爲知覺與欲求。但這取自人類的例子是否可以普遍地應用於其他一切生物，甚至於礦物呢？肯定動物、植物，尤其無機物，竟與人類有相同的知覺與欲求、思想與意志，豈非一件不可思議的事！這的確是萊氏學說上的一大難題。但萊布尼茲是一位數學家，他早已看到無限小的分子，而且由於研究這些微小分子，他奠定了微分法的穩固基礎，不過，無限小的分子畢竟是對物質物而言，如今，在這所謂無形的單子，他採取同樣的立場，且指出一個現象，亦即在其「單子論」中佔極重要性的「微小知覺」或「不知不覺的知覺」之現象存在，否則有些事實將無法證明了。

例如，初春之際，從遠處眺望樹林，雖然仍不見新綠之景緻，但隔月之後，從原處再次眺望那樹林，則一片盎然綠意已呈現於眼前，此第二次的現象，無非是因樹上長滿了葉子。當然，在樹林中只有一枚或極少數的葉子時，我們就無法察覺到它們，更不能分辨其形狀與顏色，也就是說，尚不能知悉樹林中葉子的存在。但是，即使我們沒有發現它們，那極少數的幾枚葉子必須存在，至少它們決不等於虛無，我們雖察覺不出每一枚葉子，但卻能察覺幾千枚的葉子之全數，因此，組成此全數的每一枚葉子不應在我們感覺中只記下零度的知覺，而應是不等於零的微小知覺，此推論爲一切複合物的知覺皆有效，所以，必須承認每一單子，儘管它是如何只具微弱知覺仍然可說是具有知覺，這樣，全體才能具有了知覺的知覺。

萊布尼茲又運用了「連續定律」（Law of continuity）來支持其論說。他假定某一原因若產生效果，則該原因的每一歷程（Process）皆應參與或分享此效果的產生。例如，當我聽到波濤衝擊堤岸之聲，我應肯定滴水之衝擊堤岸亦該有聲音，即使我聽不到它。由是，肯定單子有知覺是一回事，說它有意識又是一回事。此外，若沒有微小知覺，則如何解釋我們的記憶？如何說明想像的默默無聲的工作？如何了解酣夢中自我仍繼續存在？以及如何在下意識中做一些活動，且於清醒之後往往不覺得自己曾做過了夢？

筆者認爲這微小知覺之說，是萊氏哲學體系中甚爲重要的一個原則，因爲，萊氏據此論說而嘗試解釋一些哲學上的爭論與難題，甚至將它運用於觀念天生及實體交往的問題上。

5. 單子的等級

微小知覺的存在，亦證明與解釋了無形單子存在的事實，因爲單子的基本性質就是知覺，而繼續循著微小知覺的思路，我們可以推想到單子的數目無數，而且具有系統或秩序，讓我們列出它們的次第或等級。

最低級的單子是一些具有知覺與欲求的單子，但其知覺僅是無意識的微小知覺，至於它們的欲求，緣由沒有理智的照耀，因此，雖亦爲一種傾向，但卻非意志。這種單子的狀態，可比擬爲一位沉睡者，一位失去知覺的昏暈或茫然若失的人。它們是一些力點，一些有固定方向的動能且亦嚮往著永恆，只是迷迷糊糊地，莫知所至。萊氏稱他們爲「元始圓極」（Entelechies）或「赤裸單子」。在實在宇宙中，它們相稱於我們所說的無機物。

再上一級的單子，係爲植物所擁有，而更高的單子，則屬於動物的單子，它們已凌駕於無意識的微小知覺界之上而出現爲有意識的知覺，並且還具著記憶以及類似推理的連續行爲。例如，你讓一隻狗看一根木棍，牠立即吼叫而逃跑，狗的這種行爲並非出於牠的推論，而是出於牠的記憶，因爲木棍表示疼痛的打擊，所以木棍的印象已足夠使牠逃跑。關於動物的單子，萊氏提供了特殊的名稱，稱之爲「魂魄」（soul）。

在魂魄之上，另有精神單子（spirit），除了含有無意識的知覺、意識、記憶及動物的連續行爲之外，尚含一種潛能狀態的理智，亦即一種無意識的思想結構。例如，我們自然地接受不矛盾律，充足理由律，並視它們爲普遍而必然的定律，由於根據不矛盾律，我們否認在同一情況之下，一物能是是而又是不是。又按照充足理由律，我們實不能設想一物之存在是沒有其存在之理由，或沒有其成因與目的。這些根植於我們思想結構的必然定律，促使我們觀察並反省我們的經驗，以便建構一種能夠統馭一切知識的科學與形上學。這種知識不但提供我們認識因果的方法，讓我們預見行爲的後果，而且關係著今生，甚至對於來世亦十分重要，換言之，它不僅攸關著個人的利害，即使對天主的意願亦有關係，也就是說，讓我們既不放棄現世生活應有之福利，且又不違反天意。

上述的這些精神單子，爲有限的精神單子，萊氏相信在它們之上還有無限的精神單子，亦即所謂「單子的單子」——天主的存在。無限精神單子亦具理智與意志，但祂的理智卻通徹靈明，不僅自永遠即洞察一切實在，並且也洞察一切可能的實有。至於祂的意志，則可從兩種情況來說明；在一切實在或實有之中，有所謂天主的前行意志，它是絕對的，它的對象是其美善的自身；而在實現可能的最好宇宙時，有所謂天主的後隨意志，其對象則爲更好的實在，這是因爲已實現的實在皆有缺陷的緣故。

關於天主存在的證明，歷來的論證皆著重於說明天主爲宇宙成立的淵源，以及萬有活動的原因，沒有天主，則無以說明宇宙中一切顯著的現象。又關於本體論證，亦即聖安瑟倫與笛卡兒所發展的論證，萊氏認爲應予以補充，亦即應先證明絕對完善者的可能，因爲祂若係可能，則不能不存在，原來，存在之所以屬於完善，是因爲無物能阻礙天主的絕對完善。此外，若無天主思想可能事物的本質，則不但無物能存在，甚至無物能成爲可能。

6. 單子的組合

自然宇宙充滿著獨立的單子，它係由一切獨立的單子所組成，這些單子猶如沒有數量的，非物質的，以及生活的單子群，其中無機物只不過是單子的一種組合而已，植物的單子則屬於另一種組合，它由一個被稱爲生魂的圓極所統一，動物的單子亦屬於另一種組合，它係由一種被稱爲覺魂的圓極所統一，至於人，又是另一種單子的組合，亦即由被稱爲精神的圓極所統一。最後，提到天主，祂是純精神體，猶如宇宙之魂，統一著整個宇宙，祂沒有模糊知覺，而是洞悉或直見整個宇宙的表象，一切的單子皆嚮往於祂，倘若無物阻止它們的奮進，它們將在它們的內表象天主，取消一切模糊的元素。

上述爲單子組合的概況，不過，我們不免有下列的疑問：即，如果宇宙由非物質的單子所組合，則何以說明呈現於我們感官的物質宇宙？再者，這些單子既然沒有部分，沒有窗戶，又何以說明一些單子影響另一些單子的現象？尤其心物互相影響又如何可能？末了，天主既然是至善的，則如何能與具有罪惡的宇宙共存？以上是三個主要難題，且看萊氏如何說明它們。

7. 物質宇宙的特徵

笛卡兒認爲物質的形上本質是幾何的體積。萊氏極力反對這種說法。因爲，假若物質體的本質眞如笛卡兒所說的幾何體積，則無以說明同體積的物質體之間的差別了。例如，一立方尺之水與鐵的差別就無法分辨，所以，物質的本質顯然是另一物，它應是一種力量，一種惰性力，由是，誰若移動一物，就會感覺到它；又它是一種拒力，是故，誰若侵入一物，則將體驗到它，總之，我們若想窺悉物質的本質，就不該運用機械論，而應運用「能力論」來探求。

在肯定物質的本質為能力之後，萊氏隨而說明他對時間及空間的見解。

萊氏認為空間乃「現象之共存」的抽象物，我們知覺到許多物體，知覺到它們的一些抗拒另一些，假若我們把這些彼此抗拒之物抽出，亦即只考慮它們在空間所佔有的位置，則我們將獲得一抽象的觀念，它即是空間的觀念。但該觀念在我們的經驗中從來不曾有過，它只是我們藉經驗所塑成的觀念，由是，我們所知覺到的有體積之宇宙，與此幾何的抽象物——空間，實乃迥然相異的兩件事。

關於時間的問題亦然，時間是「現象連續」的抽象物，我們總不曾知覺到一個完全虛空的時間，及同一性質的瞬息時刻之連續。我們所知覺到的，完全是另一回事：亦即一連串事件的綿延聯繫，假若我們設想純粹的時間，那只不過是因為我們以抽象的方法，將具體事件抽走而只注意事件之毗連情況，是以所謂空間及時間，係皆為抽象之物而非實在，經驗所提供予我們的，乃具體的物體或事件，以及它們之間的相互關係。萊氏以下列提綱挈領且意義深長的語句來說明他的思想：吾人對外在世界所有的知覺，僅爲一聯繫的很好的夢，而此知覺亦可說是一個很有根據的夢。

夢的特色不外乎一些純粹主觀的印象之集合，它只存在於我們的精神中，並且藉著我們的精神存在，同時也爲我們的精神而存在。在正常的夢中，其印象之間缺乏連貫。我們對宇宙的知覺，就猶如夢中的印象一般，竟沒有什麼不同。它係由一些感覺及印象所構成，彷彿柏拉圖所喻的暗穴中之影子，而我們卻誤認它爲實在。惟有一件事允許我們把夢與實在分辨出來，那就是它們的連續情形，因爲夢中的事件大多數皆斷斷續續，前後矛盾，但在清醒的知覺，則有一顯明的連續與一貫性，尤其該連貫性很值得我們注意，它是出於我們理智的思想型態。由是，我們對宇宙的知覺，所以是一聯繫的很好的夢，緣於它是一個很有根據的夢，亦即有一實在物與它符合。

萊布尼茲以房屋的縱、橫兩種切面的圖案，來說明這種符合的性質。這兩種切面有其顯著的對稱，它們雖彼此不同，卻又互爲表裡，象徵著我們所體驗到的知覺與實在的類似關係。知覺所呈現予我們的是一物質性的宇宙，有體積，也有殊多的性質，且有變易，是屬於時空之領域內，而實在或實有的宇宙，則是一些無形單子，它們沒有體積，沒有其他性質，也不屬於時間與空間。

雖然知覺的宇宙與實在的宇宙完全迴異，但這兩個宇宙之間卻有一種完美的對稱，一個表象另一個，猶如一個投射在圓筒上的箭影，其形式雖與箭的形式不同，但它隨著箭的移動而改變其形狀，其變易與箭影的形狀相稱且象徵著該箭的形狀。萊氏用了第二個比喻說明形上的實有宇宙與我們精神所表現的現象宇宙的關係。

萊氏的比喻固然不錯，但仍留下尚待解決的難題，因爲假若空間、時間與活動僅是我們知覺事物的方式，而眞實的宇宙則完全由無形單子所構成，則我們如何能夠知覺到一物質宇宙呢？你說它是幻想？抑或夢境？但它的現象至少在某程度內能藉著笛卡兒的機械原則獲得說明。

8. 預定的和諧

宇宙是由許多單子所組成的整體，而萬有亦形成一個井然有序的整體，但每一個單子既是獨立的，又如何說明眾多單子的統一事實呢？這就是所謂的實體交往問題，在萊布尼茲之前，這問題尚未有如此的幅度，哲學史上討論心物交往的問題與二元論同樣古老。但是自笛卡兒以後，這問題因著笛氏將心物描述爲完全獨立且對立，而變得特別敏銳。據笛卡兒看來，人的本質只是思想而已，身體是勉強添加之物，不過，他也不能否認心物彼此影響的事實，爲了說明此事實，他遂設法尋找一事實的說明，那就是我們所知悉的松果腺，可是事實說明笛氏的主張卻非事實，因此，笛氏的繼承者不得不另尋別的解釋途徑。

馬利布朗雪（Malebranche）曾以「機會說」（Occasionalism）說明心物的相互關係，由於心物的絕對對立，它們無法直接影響，惟有天主的干預，才能使心有某種思想時，身體亦有某種行動，或者，在身體有某種行動時，心亦有某種感受。不過，所謂天主的干預，並非意指以奇蹟的方式，而是以祂制定的一些常規使心中產生知覺，身上產生行動，兩者猶如兩個掛鐘，一個指時，一個鳴時。

瑪萊勃朗士的機會說因過於複雜，斯賓諾沙於是採取了最徹底的方法，即根本取消實體的多元說。斯氏認爲實體只有一個，祂就是天主，祂具有我們所認識的兩個屬性——「心」（Thought）與「物」（Extension）。是故，心與物是唯一而同一的實體之兩個觀點。這樣，心有知覺，身體（物）亦有一相稱的行動也就不足爲奇了。而心物平行之說，所據之理由亦在於此。但主張宇宙只是一個實體的論說，並非哲學或科學的結論，而是一種信仰。我們認爲在這種假設之下，爲了說明心物交往，是沒有理由服膺此違反我們常識的信仰。

到了萊布尼茲，如上所述，實體的交往問題則採取了更大的幅度，每一單子是絕對單純的單元，它沒有部分，所以一些單子不可能從外面影響另一些單子，因爲外來的影響只能是部分的增減或遷移，這一切在單純的單子上是無法發生的，每一單子是一個關閉的宇宙，無物能由它出入。

但它們似乎能彼此影響，至少在知覺的現象上是這樣；每一單子不但表象自己，而且也表象另外的單子，甚至表象整個宇宙，尤其在動物以及人的情形，由於它們或他們的身軀是由低級的單子所組成，其魂魄或精神則是一主要的單子，它們——即主要單子——與構成身軀的單子群之間有一很特殊的關係，它係來自所謂的預定和諧（Pre-estabilished Harmony）。

按照萊氏的「預定和諧說」，天主自創造伊始，就在每一單子內安放了全部能有的知覺潛能，使每一單子在其發展的歷史中，與其他的一切單子之發展歷程相稱，所以，單子的知覺非來自外界，而是其本身發展的過程。每一單子的每一狀況，早就安排了爲表象其他一切單子的狀況，因此而有奇妙的知覺之協調，宛如一完美的樂隊一樣。例如，我在此看見一本書具有如此的特色，別人看見此書亦同樣發覺該特色，但這並非此書的特色影響我們的視覺，而是因為在宇宙開始，我早已被安排在此時此地看見此書，別人亦然，所以，我們知覺的協調可說完全出於原始的安排。

以上關於預定和諧說的概況，萊氏雖用此說明了單子交往的現象，實際上也就是否認單子間有眞正互相影響的情形。萊氏認爲就以人來說，心靈與身體之互相影響亦只是表面的，我們應當知道我們身體係由許多低級的單子所組成，如果心靈中的歷程與我所意識到的身體之歷程完全符合，那是因爲構成我現在的身體與心靈的單子之間，有一預定的和諧，該和諧在每時每刻的發展歷程中充分地表現出來。

所以，對許多學者的辣手問題，萊氏卻認爲可以迎刃而解，而他對難題的順利解答，則基於他對微小知覺論說的信心，實際上也只有假定每一單子具有無數、無意義的知覺，才能肯定它一開始即具有未來一切知覺的潛能，才能肯定它涵蘊整體。雖然它只是整體的一分子，但卻能成爲現時的、過去的，以及未來一切表象的淵源。

按此預定和諧之說，萊氏似乎必然主張觀念天生論，而認爲人的理智系從萌芽狀態開始，在人生的歷程中逐漸發展。

9. 最好的可能宇宙

預定和諧說是建立在另一信念之上，亦即有至善的天主設想宇宙，洞悉其一切情形，並且依照該情況組織了每一個單子與其他的單子配合，使一切單子皆有平行的發展。

但我們不免要問：這種假設（或信仰）是否許可做？天主如何能與宇宙中的各種惡妥協？祂的預先安排如何與人的自由相容？如何不取消人的自由行為之責任以及如何不干預道德的依據？這些使神學家感到疑惑的難題，萊氏自信能夠提供一個完滿的解答。

萊布尼茲可稱為近代最後的士林學者，他保存了聖多瑪斯神學的傳統，肯定天主具有理智與意志，天主的理智自永遠表象了一切事物，肯定它們的可能，亦即無論成為實在或可能成為實在的典型，這些典型傳統哲學稱之永恆觀念。其次，祂是一切個體的表象，這些個體的觀念，只要沒有矛盾的情況，它們即能生化成為實在。由於祂是一切個體群的表象，因此也是可能宇宙的表象，這種宇宙為數無窮，為可聚物（Compossibiles）的複雜組合，每一個體在其內有預定的歷史。最後，祂是各級永恆眞理的表象，亦即理論與事實，倫理與實踐的一切眞理之永恆表象。以上一切表象構成天主理智的固有及永恆的對象。

天主的意志有兩種狀況：前行意志與後隨意志，前者乃止於至善的觀念，是絕對而無條件的；後者則在於一種抉擇，亦即在理智所表象的可能宇宙中，祂決定並選擇最好的宇宙，因此是相對的，有條件的。總之，一切可能之有，皆依照其所有的齊全程度要求存在。最齊全之有，由單純的可能立即成爲現實實在，例如天主的情形，至於其次較齊全之有，亦有優先成爲實在的權利，這就是萊布尼茲的樂觀主義之由來，據他看來，凡成爲實在的，必定是最好的。

但是我們仍不免要問：我們的宇宙難道眞的是最好的可能宇宙嗎？宇宙間有惡的存在又作如何解釋呢？

爲了答覆此問題，萊氏先澄清「惡」的觀念；按惡分爲形上惡、物理惡及倫理惡，形上惡實質上是生化之物的一種限度，生化之物既然不是絕對者，因此必然非齊全，在此觀點之下，形上惡實爲有限之善，它雖爲其他惡的可能根源，但本身卻非屬於惡。

物理惡則爲一物之缺陷，亦即不符合其典型或理想之要求，不過宇宙萬物不能單獨觀察它們，而應從整體去觀察它們的關係，因爲往往某些事物若不受到一些抑制，其他事物就不能發展，所以，爲了更大的善，往往需犧牲部分個體，即有無相生，陰陽相剋。天主允許痛苦及缺陷的存在，是爲了產生更高的善，由是，物理惡若從整個宇宙觀之，亦不能屬於惡。

最後，倫理惡雖可稱爲眞正的罪惡，但天主允許它存在是有理由的。在假定非有惡存在不可的情形之下，天主選擇了罪惡較輕的一個，或爲了更好的整體，例如，禮儀書中所說的：「有福之罪，它給我們賺來了如此一位偉大的救世者！」（羅馬彌撒經書復活節前夕）

在萊布尼茲的心目中，以上的分析已足夠洗白天主的責任，也就是說，爲何宇宙中罪惡的存在與天主無關，但我們以爲只有證明天主絕對不是倫理惡的作者，他的答案才有效，因爲如果這惡是與天主的選擇有關，則一個作科犯罪者受到處罰，你能說天主是公正的嗎？如果萊氏不放棄其預定和諧說，找不到說明天主何以創造人的方法，並且如果創造人的天主預見他是一個罪犯而仍然創造了他，那麼他的罪責及應受的處分是極難說得過去的。

萊氏將此難題用下列的語句來解釋它：「在意志的行爲上，動機引誘而不強制」，這就是萊氏一開始即主張的「意志乃理智照耀下的欲望」之另一說法，是以人的行爲仍不失爲自願的行爲，再者，天主在選擇可能的宇宙時，固然已預見宇宙內的人要犯罪，但卻不礙於人的自由行爲，因此，罪人在天主前必須負其罪咎。

三、哲學體系的主要觀念

1.可能之道

萊布尼茲在科學、政治、宗教或哲學上的一切活動，常可歸納於一中心思想——全和之道。它不外乎宇宙的大秩序，但萊氏的全和之道與斯賓諾沙所主張的道卻不相同，它不是幾何的，固定的必然秩序，而是一個自然的、自發的，以及自由的秩序，萬物皆循此道而生化並發展。萊氏在其《形上學序論》的第六節（§6）裡，對於該全和之道曾有清楚的說明：「天主的意志活動，普遍分爲兩種，即平常的與非平常的，然而我們應知道天主所作所爲都沒有出現，所謂非平常或異常的，卻不是別的而是某種特有之道，就常道——普遍之道——而言，無物不和他相洽，此事之眞確，實不容懷疑。不但宇宙間無任何出規之事，而且出規係屬不可能，因爲萬事萬物皆有一個道，例如，你信手在紙上畫了許多點，彷彿卜卦者所做的一樣，我認爲在這些點中你仍能找出一根幾何線，這幾何線的觀念還是一定的，不變的，亦即合乎某種規則。又這線同時要經過一切的點，且依照著信手拈點的程序，即使你所畫的一條連續的線，忽直，忽曲，或其他任何形狀，你還是能找出一觀念或一規則，甚至爲此線的一切點所共有的方程式，你可藉它來說明線的變更……由是，無論天主如何創造了宇宙，宇宙常是規則的，也就是說，具有一常道。」（Leibniz, Basic Writing, Chicago, 1962. p.10）

該「道」不是呆板的、機械的，而是自由的。它是選自一些不同的可能組合，該選擇並非盲目或任意，而是根據一原則，亦即根據「優越律」或「目的律」。例如，天主各種不同的可能中，選擇了這個宇宙，如此簡單又多彩多姿且最適於實現全和之道的目的。此自由之道正是萊氏夢寐所求，在基督教各派之合一，以及科學共和國的努力上，可說充分表現了此「道」的精神，「我們需要的科學哲學家，不但應將幾何引進於物理學（因爲幾何不談目的因），甚至應將自然科學中的文明結構成爲顯著。」（致托瑪休書之書函Gerhardt, Die Philosophieschen Schriften von

Gottfried Wilhelm Leibniz, I. p. 33）

基於這「道」的精神，萊氏對一切實在有其獨到的看法；實在不是必然的、固定的，而是可能且自由的，一切的存在皆爲一種可能，一種成爲實在的可能。可能之成爲實在並非出於一種硬性的規定，但也不是漫無規則，它是循著一種自發的，有伸縮性的規則，換言之，並非一切可能皆應成爲實在，更非一切可能就是實在。可能的宇宙其爲數要比實在宇宙來得多。天主所能實現的宇宙，爲數更是無限，而成爲實在的宇宙卻只有一個，它即是天主自由所選擇的最好的宇宙，所謂「自由」係意指合乎理智的規則而其目的並不妨礙行爲的自由。實際存在之物不是天主本質的必然表現，或由祂的本質幾何式地演化出來，而是天主自由選擇的結果。

萊氏的整個哲學體系不僅在追求此全和之道，而且也證明此道的存在。他的學說之第一大嘗試，即將理智定義爲「發問者」（problematic）。他承認理智有其規則，但理智的約束性不是幾何，而是偏常的，現代的批評家在萊氏的著作中找到了一些矛盾；例如，萊氏將自由現實之道，以充足理由律做爲其原則，又將永恆眞理的必然之道，以同一律做爲其原則，此外，萊氏又將充足理由律再三引爲同一律，這種前後迴異的說法，乍看之，似乎彼此矛盾，然而若注意萊氏將理智視爲一發問者，其所說的「道」又是可能之道，則這種對立就會消逝，因爲可能之道是必然之道的暫時性與不完全的表現。這種說法到了最後，似乎與斯賓諾沙的幾何式之必然之道不謀而合，但實際上，差別仍然很大。萊氏認爲在一恆眞命題中，謂詞必然地屬於主詞，而在偶有的眞理上，這種關係只能藉分析來證明，不過在人方面，無論你如何分析，永遠也得不到必然的關係，就好比幾何圖上的兩條平行線在無窮相交的情形，你可以無限制地延長此兩條線，它們仍不會相交。同樣，我們說偶有的眞理在無窮處是必然的，就是說你可以無限地分析它們，卻永遠無法證明它們是必然的，這即是我們的發問者——理智的限度，它在偶有的眞理上沒有明瞭該眞理是否爲必然的能力。天主的情形就不同了，可能之道對祂來說就是事實，所以，只有祂明瞭偶有眞理之爲必然，在這問題上，萊氏的論說十分成功，他證明了天主的知識與人的知識有很大的區別，其證明可說結實而有力。

2. 理論與事實

萊氏的種種努力，主要在證明一自由、自發之道的可能與存在。一方面他認爲這道不是必然的，因爲實在界沒有必然的存在，而且一實在之道永遠不會是必然的。另一方面，他亦認爲在邏輯界則有必然之道存在，這就是萊氏所謂的兩種眞理說，即有理論的眞與事實的眞。理論的眞是必然的，其命題爲恆眞式，A是A，完全根據同一律或不矛盾律。不矛盾律包含兩個部分，即一命題不能同時是而又不是，以及一命題不可能不是是，而又不是不是（排中律）。萊氏認爲這兩條定律控制一切理論的眞理，也就是說，凡是根據此兩條定律的眞理，皆爲必然的眞理。不過它們對於事實則什麼也沒有肯定，理論與實在是迥然相異的兩件事，由於這些理論的眞理不能從經驗獲得，故應屬於先天的（innate）。但所謂先天的眞理未必就是明而晰的眞理，最初它們往往是一些模糊的觀念，一種微小的知覺，或一種可能的傾向而已，彷彿隱在大理石中具有人的輪廓之紋理，必須加以雕琢，除去無用的石片，才能顯出人像。先天的眞理也如此，經驗好比一位雕刻家，把心靈中的傾向鑄成事實，亦即使其成爲明而晰的觀念。但先天觀念不可能由經驗而獲致，因爲經驗沒有必然性，此外，理論眞理係屬於可能界，其範圍遠比實在界廣大，正如可能宇宙之爲數無限，而實際存在之宇宙卻只有一個而已，這是因爲可能之事只要本身不含矛盾就能成立，但實際存在的尚需要其他理由，如果所有可能的事皆已成爲事實，則已不再是可能的事，也沒有選擇及防範的餘地了。

現實是偶有的，它是可能界內所劃出的一小區域，其眞理不是建立在同一律或不矛盾律上，也就是說，你常能否定它而不陷入矛盾。它是建立在充足理由律上，亦即「每一物必須有其存在與成爲該物的充足理由」。這條定律不是強制的原因，而是與全和之道聯繫的原則，它使一切發生的事彼此銜接且又非必然地銜接，它保證實在事件是自由的、偶有的，這就是萊氏所追求的全和之道，一個含有自由選擇的可能之道。

隨著充足理由律而來的，則是宇宙的來歷問題。你能夠問：爲何是「有」而非「無」？既然偶有之物自己沒有存在的理由，則其存在應由另一物而來，但此另一物不應再是偶有而應爲必然之物，也就是說他本身具有其存在之理由。但假若我們再追問，爲何天主選擇了我們這個宇宙？其答案則只有求諸天主所選擇之理由了。該理由應是：我們的宇宙爲一切可能有的宇宙中最好的一個，爲此天主選擇了它。這「應當」並不意指絕對的必需，而是天主依照其完善的本性所做的選擇，故充足理由律有指導之功而無強制之勢，它說明一切一定發生的事不是必然非發生不可，因爲相反的事常有發生的可能。

再者，充足理由律與目的因是分不開的，萊氏在這問題上完全脫離了笛卡兒與斯賓諾沙以來的論說，儼然與亞里斯多德以及士林哲學站在同一陣線上。如果天主選了這個宇宙是因爲它是最好的一個，則天主的行爲顯有目的，此目的亦即祂的選擇之眞正原因，如果宇宙全和之道是一偶有的自由之道，則它應建立在一目的上，而一切自由與偶有的活動，皆爲實現此目的而作，於是，整個大自然的一切結構，都與此目的休戚相關。

3. 個體

充足理由律導致萊氏建立他形上學的中心觀念——個體觀（substantia individualis）。我們知道理論眞理是建立在同一律上，其主詞涵蘊謂詞，你若否認謂詞與主詞的關係，則將不免陷於矛盾。例如，你不能說：「一個三角形的內角總和不等於兩直角」，或「三角形沒有三個邊」。但事實的眞理則不是如此，它建立在充足理由律上，其主詞不涵蘊謂詞，所以你可以否認謂詞與主詞的關係而不會陷入矛盾。不過，否認事實的眞理固然並非矛盾，但其主詞卻常具備充足理由以容納謂詞。

這種主詞應爲一實際存在的物體，萊氏稱之爲「個體」，他說：「個體或完整的物體之性質，其觀念十分完備，且由於賦予它的主詞，即足以認識與演繹一切謂詞。」（《形上學序論》第八節）。例如，岳飛的個體觀念含有一切適合他的謂詞，像戰勝金人，以及被奸臣謀害等。但人普遍無法具有如此完備的個體知識，他只能從經驗或歷史汲取有關個體的概念，惟有天主的知識是完備無缺的，祂能在任何個體的觀念上，明察其一切謂詞的充足理由。

上述的個體觀念並非限定個體的一切行爲，例如，岳飛的個體觀念使岳飛不得不戰勝金人，其實，該行爲亦能夠不發生，因爲其對當並非矛盾，不過事實上，該行爲一定會發生，這是緣由該個體的「性」或本質，它是一切發生之事的充足理由，而個體本身在宇宙的常道中，亦有其充足理由，無論天主選擇的個體行爲，或岳飛所採取的行爲，都是自由的，而且他們都有充足理由說明他們的選擇，天主能選一個不同的可能宇宙，而岳飛則能不攻擊金人，不過此種光景卻使宇宙的完美受到損壞，爲此一切事情應不偏不倚地按其發生的歷程進行。

萊氏的個體觀可說根據於理論與事實的相異及對立的情況而言。理論的眞理有其必然性的連貫，而事實的眞理則只有偶有的連貫，其必然性是有條件的，純疑問性的，雖然天主常選擇最好之物，但卻不礙於那些較次美善之物爲可能，而只要一物是眞正可能，即使它不會成爲實在，也令最好之物的存在成爲非必然，萊氏的這種說法，雖將天主的自由證明得十分透徹，但對人的自由則難以自圓其說了。在原神論及一些信札中，他不厭其詳地辯護自由，他揚棄自由爲平心的說法，亦由爲對立事物之絕對平衡。宇宙之大道要求一切實體有固定的本性，這本性即構成其一切活動之充足理由。對萊氏來說，個體顯然只是充足理由的具體表現而已。可是天主的不能錯誤之先見之明，卻使人的自由大成問題，譬如這個人之所以是這個人，必須具備他的一切歷程，也就是說包括他的罪惡行爲在內，不然就不是這個人了。舉例說，曹操的個體觀念包含殺害他的伯父全家，問題在於這個個體既然是這宇宙的一分子，天主爲何還要選擇這宇宙？這種選擇不是限定了個體的存在方式嗎？如上所述，萊式認爲這宇宙連同它的一切，是最好的一個（《形上學序論》三十節），由是，他把哲學的問題推到神學的領域，當萊氏的一位筆友謝貴祿（Jaquelot）追根究底的詰問到最後，萊氏只好說這難題是對神學而發的，「據我看來，天主的定讞並非人們所說的更加是行爲的有效前因」，「人們要我回答有關個體之受造，以及天主的參與人事，雖爲其定讞之效果，卻不構成強制規定之問題。」

（Gerhardt，同書VI, p.568）

由是，對於個體的行爲，我們可以從兩個觀點去看它；從天主的觀點來說，一切是確定不移的，但從人的觀點來說，則沒有這種確定性，因爲人無法測知天主的選擇，僅能在事後才知曉天命。萊氏認爲人在事後的怨言是不公道的，「難道天主從永遠已規定了我人犯罪？你們自己回答吧，大概不是的。爲此，你們不要說你們不能透視或不能有絲毫的天啓，還是按照你們所認識的職責去做吧！」（《形上學序論》三十節）。萊氏的所言亦即說明人對自我個體沒有完備且透徹的觀念，甚至在事前亦不能察知其行爲的充足理由。但天主卻徹底洞悉個體，依祂看來，個體的未來行爲無不確定，不過，此確定只是出自祂的定讞之力，所以不是必然的，人的自由之保證，在於人的觀點與天主的觀點之迴異與互不通融。

總之，萊氏原有意成爲哲學家兼神學家，即由哲學而達致神學，但他所介紹的新答案，實質上沒有新的神學的意義，只是他所強調的充足理由律，倘可稱爲新的見解。藉著這條定律，人對任何行爲的選擇不再是任意的，這選擇也非強制的或限定的，萊氏的哲學精神即在於他極力反對幾何之道，而倡導倫常之道，反對笛卡兒與斯賓諾沙的宿命論而主張充足理由的問題性與倫理性的約束。

4. 動與能

人是自由的、偶有的，而宇宙之道亦莫不是自由的、偶有的，這信念始終左右著萊氏的思想，並日就月將地糾正其青年時期的物理立論。在物理學的新假設中，他原來同意笛卡兒的說法，認爲擴延與移動有別，而物質則由原子所組成，但當他發明其新定律——連續律之後，立即放棄了物質的原子結構說，因爲連續律說明「自然不跳級」；根據這定律，一物由小而大，或由大而小，必須經過無數的中間階級，如果物質是擴延的，則可無限制地被分割，而不能止於原子。由是，他認爲物理的原始元素不是笛卡兒所說的擴延與移動，而應是一種「能」或「力」，尤其當他發現笛卡兒的動量不變律爲僞之後，即主張應以「能常住律」代替笛卡兒原有學說。萊氏似乎對此「能常住律」深信不疑，因爲在物體內不變的不是動量，而是能量，「能」是物體的質量乘速度之平方（MV2），並非質量與速度之積數（MV）。又能量表示產生某一效果之可能，如果舉起一個重物，它包含一個行動，亦即產生的行爲，這是笛氏的物體之動說所沒有的，因爲他的「動」只是空間的移動而已，所以，萊氏視「能」比「動」更爲實在，「動」本身並非實在（猶如時空之非實在一般），而是一種臆想物或抽象物，「動」對現象來說，乃一種關係，而「能」卻是它的實在。萊氏說：「在物體中有一超過擴延且先於擴延之物存在，它即是至高的造化者放置於各處的自然能力。它不僅如士林哲學家所說的一種單純的官能，而且還是一種努力或力，如果不遭受反作用力的阻礙，則恆有其完滿的效果。總之，活動是實體的主要特性，擴延根本不能確定實體，只能說明已經有的實體之歷程或發展，而實體有傾向與抗拒，則稱爲抵擋。」（Gerhardt, 同書VI, p.235）

所以，萊氏肯定自然界唯一的實在元素是「能」，而笛氏物理學的基本原則：擴延與移動則或已被否定，或已被歸納爲物理及形上的最後原則——能。萊氏認爲笛卡兒的機械論尚需有更高的物理以及形上的說明，他說：「在開始，我應說大自然的一切皆機械地發展，用動及形態的觀念足以說明任何特殊現象的緣由，但機械原則與動律實生自更高之物（如重量、擴延），它不是幾何的，更好說是形而上的，我們雖然不能藉著想像獲得它，但我們的精神卻能想到它。」（Gerhardt，同書VI, p.472）萊氏所謂的更高之形上原則即是「能」，而機械規律的成立，則必須依靠它。

又「能」有主動與被動之分，被動的能係指塊然之物，是根據力，亦即排斥外物的侵入與推動；而主動的能則意指行爲的努力或傾向，它是眞正的能，可以擬爲亞里斯多德的「圓極」（Entelechies），其意義與他的「圓極」很相似，惟此塊然之物若一旦被定義爲被動之能，顯然即失去其形態而成爲無形之物，由是，物理的究極係一無形的原則，萊氏上述的解釋推翻了機械論而主張其構成元素爲能，並說明該元素爲一精神物，於是笛卡兒的二元論遂被否定，整個宇宙實爲一精神宇宙，宇宙沒有擴延，沒有體積，沒有物質，一切皆爲精神與生命，因爲一切皆爲能，甚至物理世界，雖然有其機械規律，但亦能變成爲一精神世界，亦屬於偶有的、自由之「道」。

5. 單子

萊布尼茲認爲宇宙的最後元素只有一種，無論是思想物或擴延物，悉由它所組成。在一六八六年的《形上學序論》裡，萊氏構想了一個「個體觀念」，當時他特別將它用以指示人，這個體原是邏輯上的充足理由（即命題中的主詞，是其謂詞的理由與主體），被提升爲本體之單元，亦即自由的，偶有的全知之道的構成元素。

在該書的第十二節中，萊氏也提及物體亦需一實體的形式，相稱於人的個體，但他僅提起此比擬而外，沒有做進一步的說明。於一六九六年，他已開始引用「單子」的名詞與觀念，此說明萊氏的思想已臻至另一階段，且已把自由而偶有的「道」之觀念，擴充到物理與精神併合爲一而同屬於唯一、普遍的「道」。

單子乃一精神原子，一單純的實體，沒有部分，沒有擴延，也沒有形態，故不能分割。依其本性則不生不滅，永恆常存，惟有天主能創造或毀滅它。每一單子與其他單子皆互異，宇宙間沒有兩個完全相同的單子，至少它們有一些內在的差別，萊氏稱之爲不可分辨的相同（Identitas indiscernbilium），按此原則，兩物不可能只有時空上的差別，它們必定也有內在的差別介於其間。例如，兩個同樣大小的方塊，只有在數學中才有，實際上是絕不會有的。實在物皆有內在的性質之差別，即使其差別僅是時空的先後及位置的不同，但這先後及位置的差別是內在性質的差別之標誌，不會只是外在的差別而已。

每一單子雖然互異，但亦有其最普遍的共同性。也就是說，每一單子皆爲宇宙的一個觀點，所以在某觀點之下，它是宇宙整體。單子的普遍性質已在《形上學序論》裡（§14）有所說明，即，原先只是對人而說的，後來萊氏將它擴充到一切個體。每一個單子是一關閉的系統，彼此沒有直接的交往，亦即所謂的「沒有窗戶」，它意指無物能從單子出入。單子的自然變化只是由於內在的因素，其一切變化是逐漸的。在變化中有的雖更換，但有的仍舊保留，這樣，在同一單子中雖沒有分子，卻有許多狀態或關係，而此一多元表象猶如一單元的狀態，萊氏稱之爲「知覺」。「知覺」一詞與領悟或意識不同，後者爲靈魂所持有，這知覺具有一稱爲「欲求」的內在原則，它意指由一知覺到另一知覺的歷程。

單子的等級以知覺的完美程度爲標準。天主，這位生生者與其他一切生化的單子之間有其基本的區別，因爲後者的表象宇宙是在一固定的觀點之下，而天主的表象宇宙則在一切可能的觀點之下，爲此，它是單子的單子。但天主與有限單子之間尚有進一步的差別，就是生化的單子非以同等的明晰表象宇宙整體，它們的知覺常有些模糊不清，有點類似說譫語或跌入夢鄉的人，單純的赤裸單子即具有這種模糊而無意識的知覺，而那高一級的是具有記憶的單子，以便構成動物魂的知覺，至於那些具有理性的，爲人的精神單子。萊氏認爲動物魂雖然也能做一些像是推理的連貫知覺，但與人的精神單子畢竟不同。

又物質亦由單子所組成，事實上，它既非有形的實體，也非精神體，而是精神與實體的集合，猶如羊群、石堆，它可以無限制地分割，但其最後元素應是不含任何物質的「實體性原子」，或形上點，它亦可稱爲單子，每一物質體可比喻爲植物園或魚池，園中的每一樹枝，池中魚的每一片魚肉，以及一滴樹液或魚汁，仍屬於該園子或池塘（Mon. §67）。萊氏稱呼這種單子的集合爲「二級物質」，而稱呼單子中的被動能——惰性與抗力爲「一級物質」，被動能與主動能或圓極合而構成單子（Gerhardt, III, pp.260-261）。在高級的單子中，例如在人的精神或靈魂中，被動能或一級物質是指模糊知覺的總匯，它們是生化的精神單子中有限或不完美的部分，萊氏在此指出，從嚴格的形上學觀點來說，如果將實體深處，自然發生之種種視爲主動，則每一實體只有主動的行爲而已，因爲天主造了它以後，它已不再受到別的實體之影響，一切皆由它自發，但如果視修身的行爲爲主動，行惡的行爲爲被動，則只有實體的知覺發展成爲更明晰時才有主動，而發展成爲更模糊時才有被動可言（New Essays, II, 21）。所以，精神單子中的模糊知覺，相稱於物體單子的惰性或不可入性，亦即相稱於萊氏所謂的一級物質。模糊知覺是指我們的缺陷，感情用事，依賴外物或物質，而完美、力、自主與自由等靈魂的主動則表現於我們的明而晰的沉思中；不過，模糊思想本身還是許多相同且有分別的思想，只緣由它們的差別過於微小，不能個別地引起我們的注意，也無法辨別它們（Gerhardt IV, 574），如此，萊氏將模糊知覺歸納爲微小知覺，並用以證明蘊藏於精神中而不能爲人所知覺的先天眞理。

人與動物的身軀，萊布尼茲看來，係屬於二級物質，亦即單子團，該單子團則由一更高的單子——靈魂所統一與管制，雖然身軀的單子團與靈魂的主管單子之間，並沒有實體或形上的差別，因爲它們同爲知覺，其差別只是明晰程度的不同而已。萊氏認爲靈魂與身軀是各循各的規則，身軀的動作依機械律，而靈魂的動作則按目的律，你不能設想靈魂影響身軀，或身驅影響靈魂，因爲你無法說明從身上的機械變化——機械規則產生知覺，或知覺能促使身軀運動，增加其速度與轉變方向。所以，應該說靈魂與身軀所循的規律互異，身軀不受靈魂行動的干擾，也找不到靈魂的門路（Gerhardt III, pp.340-341），於是，遂產生心物如何交往的問題。

6. 預定和諧及天主

現在我們應一提單子間的交往問題，它與心物交往的問題有關；一切單子雖爲一完全關閉的系統，沒有窗戶，彼此也不能直接交往，但在另一方面，單子與單子之間又是脈脈相關。由於每一個單子表現宇宙的一個觀點，所以，它多少亦表現其他單子，它們宛如一座大城的不同角度之景緻，合而表現多彩多姿的宇宙全景，至於完備的宇宙全景則只有至高的單子——天主所具有，其他單子雖也表現整個宇宙，但其明晰的程度只限於與它有特殊關係的身軀，它在該身軀充作圓極。由於身軀亦由單子所組成，故也表現整個宇宙。換言之，隨著圓極或靈魂表現其所屬的身軀時，該身軀亦表現了全宇宙，由是，單子與單子間的交往問題在萊氏的哲學中，竟採取笛卡兒哲學的心物交往形式，萊氏認爲對此問題能有三種不同的說法。

假使我們將心物比之爲兩個十分準確的鐘錶，則第一種說法是肯定它們能互相影響。不過這種說法過於通俗與膚淺，並且也違背單子不能互通的定律，因爲兩個循不同規律而行動的實體，不可能彼此有影響。第二種說法，萊氏稱它爲協助，這是機會論的主張，亦即認爲兩個鐘錶無論如何不準確，常能被一位有本領的鐘錶匠隨時撥正，但萊氏又認爲這種說法過於複雜，甚至有些小題大作，而將天主時刻引入日常例行的事，最後，所剩下的第三種說法爲假定兩個鐘錶之構造十分精緻完美，保證能夠永遠協調，這即是萊氏所謂的「預定和諧」之論說。爲此，心物固然各循各的規律，但由於天主制定這些規律時，預先已立了它們的和諧，是故身軀循機械律，而靈魂循內在的自發律，卻能彼此時時刻刻協調，該協調可說是天主在創造時早已預定了的。

根據預定和諧之說，人或動物的身軀是一種自動的機器，它們的行動顯然不受精神行為的影響。當一隻狗的身軀遭到打擊，疼痛侵入牠的覺魂是完全由於這預定的和諧，至於靈魂的生活亦完全循其內在的自發原則而發展，萊氏甚至說靈魂是一種非物質的自動機器，因此，根據這個學說，他似乎必須主張一種絕對的天生主義（或先天論），單子的一切皆是與生俱來的，因為它不能從外界接受什麼，不但理論的眞理與其依據的邏輯原則是天生的，而且事實眞理，甚至一絲一毫的感覺無一不是從單子的深處湧出，那黝暗不明的深處，隱藏著許多微覺，其中有一部分則逐漸成為顯明清晰。單子的本性在天主創造它之際已經完備，它的一切思想與行為也業已受限定，固然並非必然如此，但卻一定如此。

由此可見，預定和諧的論說是萊氏哲學體系中的重要問題，也是他的哲學之最高預設原則以及神學的開始，而緣於此預設原則，他假定了至善的天主之存在，在這一點上，萊氏繼承神學的傳統主張，首先即證明天主的存在問題，惟他的論證，亦有其獨特之處，最後，他還討論了神學上的一些難題，例如，自由與預定和諧之關係，以及惡的問題等等。

關於天主存在的論證，萊氏改進了傳統的宇宙論證，亦即聖多瑪斯在《神學大全》中所述的「五路」中之第三路。此論證源於可能與必然之間的關係，萊氏用充足理由律，很成功地發展了此論證。他說天主乃萬物的第一理由，因爲萬物是有限的，以我們所看到的或體驗到的一切爲例，物體莫不是偶有的，其本身並沒有必然存在的理由，所以，必須在自身以外尋找其存在的理由，它應尋自一具有必然存在之理由的實體，該實體本身亦即自有的、必然的、永恆的。如果在無數的可能宇宙中，每一個可能宇宙皆相同，則一切可能宇宙皆有同樣的存在之要求，但既然實際存在的宇宙只有一個，所以其存在的充足理由不得不是一明見一切可能的理智及選擇其中之一的意志；也就是天主的理智及意志。爲此，天主不僅是實存在的宇宙之充足理由，同時也是一切可能宇宙之充足理由。連那些純粹可能的事物亦必須以實際存在之物，或以必然存在者做爲根據，因爲後者的本質涵蘊存在，或祂的本質只要是可能的，立刻就是實在的，由是，天主不但是每一實在的淵源，而且也是每一個可能本質與永恆眞理的基礎。永恆眞理非笛卡兒所主張的隸屬於天主的理智，而是它的內在對象。不過，事實眞理，按實際存在的觀點來說，則屬於天主的意志。

其次，萊氏以「可能觀念」改進了聖安瑟倫的本體論證。萊氏也反對笛卡兒的本體論證之形式，認爲只有於證明至善的觀念如何可能之後，才能由該觀念導出存在。這樣，本體論證不應由天主的完備結論到天主的存在，而應由天主之可能，結論到天主之必然存在，此亦爲本體論證的正確形式，他說：「惟有天主，亦即必然之存有，才具有此特權，如果它是可能的，則必須存在，因爲無物能阻止一個不含限制、否定與矛盾之物的可能，只憑一事實，已足夠先天地知道天主確實存在著。」（Mon. §54），因此，從天主方面來說，可能與事實是相同的，萊氏說天主的本性是必然的，就是這個意思。換言之，如果認爲祂是可能的，則亦應肯定其存在，又如果沒有內在的性質限制祂，則亦應承認其爲可能。

此外，原神論的問題，萊氏似乎皆借助「優越」的原則來研究。他認爲這是天主工作的基本原則，也是宇宙之大道，在優越的目的之下，天主能愛一件不善不惡之物，以及愛一自然惡使之達致優越，甚至於允許罪惡的發生。天主的意志之選擇固然爲宇宙一切美善的積極原因，但祂並沒有積極願意惡，祂之所以允許惡，僅是爲了惡是宇宙大道的一分子，爲此，這允許意志不必負惡的責任（Theod. I. 25）

我們已經說明，萊氏並不認爲天主的預定和諧，取消人的自由。他所採用的論證仍然是傳統的論證，只是在他的哲學原則之下，顯得十分新穎。宇宙大道是天主的自由造化，在一切自由的單子中，尤其在精神單子中保存且生長著，因爲精神單子更明晰，更容易表象天主的實體。這宇宙的大道是以充足理由律爲其原則，所以，我們應追求優越之道，它正是天主與人的企望，但此企望不是強制，而是諄諄善誘的，是故萬物之選擇優越仍然是自由而具有責任的行爲。

以上所述的，爲萊氏神學上的幾點主要思想，其中問題很多。不過，神學雖然是萊氏哲學的高峰及預設，卻非他的全部哲學。構成萊氏哲學、政治、歷史，以及一生的生活，種種活動之原動力是宇宙的自由大道，亦即全和之道，只是他在其哲學體系中，設法證明他所採取的態度是正確的。面對著生活中應當解決的各種問題，他經常保持這種態度，並深信宇宙中有和諧之道，而不遺餘力地願意在人世中建立且推動此和諧之道，使一切皆自然相遇、相剋、相生而找到一個和平、共存共榮的理想世界。

四、萊布尼茲哲學的評論

「在士林哲學的糟粕之下，隱藏著金子」，萊氏這句評語，可以對一切他所審量過的學說，重說一次。沒有一種學說使他滿意，但也沒有一種學說使他完全失望，他認為任何學說皆有其可取之處，古希臘的原子論猶如一塊含有貴重金屬的礦石，但必須將它與醜陋的礦皮分開；笛卡兒哲學充滿金塊，但必須加以深刻的研究，方顯其價值；傳統的多瑪斯哲學更是一稀有的金礦，但仍有許多應修改之處，萊氏認為只要小心翼翼，按部就班地工作，定能成功地獲得全部眞理。

對萊布尼茲的哲學我們必須追問一個人果眞能獲得全部眞理嗎？他是否成功地證明我們的宇宙雖然有惡的侵蝕，但仍然是可能有的宇宙中最優越的一個！伏爾泰所描寫的《憨第德》中，似給予萊氏此「優越」說一極度的諷刺。萊氏是否成功地證明了無數的單子，雖然它並非物質，亦非存在於空間內，但卻能共存而有實體上的分別？他是否成功地運用其美好的預定和諧說，使多疑的人們感到滿足？他是否成功地取消數字的必然性，而支持倫理的約束性？他是否成功地保持人在天主前應負的責任，只因為是天主造了人具備某些條件，使他做一切他事實上做了的事？最後，他是否成功地推委天主創造的責任，緣由祂非必須創造不可，祂可以不創造，並且也洞悉創造的結果會是給予無數罪惡及慘痛的機會？至少在此被召喚者多，而蒙選者卻寥若晨星的事實。

萊氏除了在邏輯研究的創見外，他至少還對四個問題，提出重要的觀念：

第一，將力的觀念放在第一層，定義物質爲幾何的擴延是偏差的，因爲惰性、引力等顯示自然中有一種力或能，說它重要，絕非誇張其詞。

第二，發現無意識的知覺，這種知覺對形成人類的表現行爲十分重要，當代的心理學已證實了萊氏的觀點。

第三，強調先天主義的價值，雖然他駁斥洛克的經驗論似乎沒有什麼新奇，古老如希臘的柏拉圖之先天觀念一般，但他的說法強而有力，竟使人無法對先天主義的價值加以反駁。他將精神中的觀念與理智的原則，描述爲「肌肉與筋」，人一生下來即使對這些肌肉與筋還不認識，就能運用它們，所以一生下來，亦同樣具有思想。又如，我們有某些觀念，並能依照某些格律而生活，即使我們尚未將它們列成條文。

第四，萊氏對於事物之構造有著先見之明，今日，自然科學的發達已讓我們知悉一切有生命的複合物，係由無數的細胞所組成，每個細胞都有其獨立的生命，而萊氏則早已主張萬物，尤其植物、動物以及人的單子群，彼此為獨立的個體。而萊氏所言：「自然中無死物」，之奧妙及所蘊涵的真理，更使我們必須接受，日復一日有增無已。

單子論　正文

論單子

1.我們這裡所談論的單子（monad），不是別的，乃是一種進入組合物（composites）的單純實體；所謂單純，即沒有部分。

2.由於有組合物存在，所以必須有單純的實體存在；因爲組合物不是別的，乃是一種單純物的堆積或聚集。

3.然而凡沒有部分之處亦沒有擴展（extension）、形態（figure）或可能分割的餘地。這些單子是自然的眞正原子，簡言之，是物體的元素。

4.亦無需害怕單子會分解，且亦無法設想一單純的實體能自然地消滅。

5.同理，亦無法想像一單純的實體會自然地開始，因爲它並不是由於組合而形成。

6.這樣，你可以說單子不會開始，也不會結束，除非是突然地；即是說他們只能以創造開始，而以寂滅結束；而組合物則是逐步開始或逐步結束的。

7.一單子的內部怎樣能爲另一物體所變化或變易，亦是無法解釋；因爲不能往那裡輸入什麼，亦不能設想其有內在的活動，能在內被激起、驅使、增加，或被減少，猶如它能在組合物中所發生的一般，組合物中有分子間的變易，單子沒有窗戶無能由此出入。依附體既不會如先前士林哲學家所主張的「覺像」（Sensible species）般，游離獨立，亦不會在實體之外逍遙自在。所以，實體和依附體皆不能由外進入單子。

8. 然而單子必須具有一些性質，不然，它不會是實有的了。如果單純的實體，連在他們的性質上都沒有分別，那麼就無法在物體中察覺其任何變易；因爲在組合物內的一切，只能來自單純的元素；而且，假使單子沒有性質，則一個單子亦無法與另一個單子相互分辨，因爲他們在量上，原是沒有差別的；由是，若假定空間是充實的，則每一地方在移動時所接受的空間，僅是和他以前有過的同等容積，而一物體的此一狀態也就無法和另一狀態有所辨別。

9. 不過，每一個單子必須和任何別的一個單子有分別，因爲在自然中，不曾有過二個實有，一個是和另一個完全相同，甚或不能找出一點內在的差別，或基於內在特徵的差別。

10. 我亦知道，一切生化物是會變易的，單子的性質會變易此乃大家所公認的事實，由是，生化的單子亦會變易，而且變易，在每一單子中是綿延不絕的。

11. 由我們所說過的，得知單子的自然變易，來自一內在的原則。因為一外在的原因是無法影響其內部的。

12. 但是，除了變易的原則以外，亦應有一變易者的詳細節目（detailot changes），它可說是單純實體的特性和樣式。

13. 這詳細節目應在單元或單純中包含殊多，因為一切自然的變易，皆逐步進行，有些事物在變換，而有些事物卻存留著，由是在單純的實體中，雖然沒有部分，但必領有許多感受和關係。

14. 包含和表現單元或單純實體中的殊多的過渡狀態不是別的，即是人們所稱的知覺，你應該把它和以後要出現的「領悟」或「意識」妥為分別，就是在這點上笛卡兒學派的學者們犯了大錯，將一個不能體會到的知覺視為什麼也不存在。也就是為這緣故，促使他們相信唯有精神才是單子，否認有禽獸的魂存在，也否認有其他的圓極存在；他們和庸人一般，將持久的昏迷狀態和正式的死亡混為一談，這樣他們仍然自封在士林哲學的成見中，肯定有完全脫離肉體的靈魂存在，甚至鼓勵精神不健全的人們，堅持靈魂會死的意見。

15. 內在原則的活動：促使發生變易，或發生由一知覺至另一知覺的過程，此活動可稱爲欲求；果然欲求無法常常完全達到他所企求的一切知覺，但是他常常有所收穫，而抵達一些新的知覺。

16. 我們自身體驗到，單純的實體內有許多感受，因爲我們發現，連我們所意識到的最微小的思想，也包含多種對象。爲此，所有承認靈魂是一單純的實體論者，都應當承認在單子內有這種殊多感受；而巴耳（Bayle）先生不應在此發現什麼困難，猶如他在自己的字典羅蘭利（Rorarius）條中所敘的一般。[1]

17. 此外，你必須承認，知覺和屬於他的一切。是不能以機械原理去解釋的，就是說，不能用「形態」和「動」去解釋，假設有一部機器，他的結構促使思想，感覺和有知覺；你可以設想，在保持同樣比例之下，將他放大，使你能進入裡面，猶如進入一磨坊。這樣假定之後，在參觀他的內部時，你所發現的，乃是一些機件，這一些推動著另一些，但總不會發現解釋知覺的東西。

【1】譯註：Bayle（1647-1706），法國哲學家，懷疑論者反對形上學和士林哲學。在其所著《歷史批判辭典》中的羅蘭利條目中批判萊布尼茲的預定諧和說。

所以我們應當在單純的實體內，而不是在組合物或機器內去尋找他，是以，你能在單純的實體內發現的，僅此而已：即知覺和他的變易。單純實體的一切作爲，亦僅能在於此一事而已。

18. 你可以給一切單純的實體，或生化的單子取名叫圓極（Entelechies）因爲他們自身有某種完美並且有某種自足的能力，使他們成爲其內在行爲的淵源，而可以稱爲無形的自動機。

19. 如果我們願意將我所解釋的一般意義下的知覺和欲求稱爲「魂」，則一切單純的實體或生化的單子，皆能稱爲「魂」；但是，既然情感是一比單純的知覺更多之物，是以我同意給僅有知覺的單純實體。單子和圓極的統名就足夠了。而只稱那些有更明晰的知覺，且有記憶相伴的實體爲「魂」

20. 因爲我們在自己身上經驗到一種狀態，其實我們什麼也記不起來，也沒有任何明晰的知覺；猶如當我們陷於昏迷，或深沉在無任何夢幻的酣睡之時。處於此狀態之靈魂，和單純的實體沒有顯著的分別，但是，既然這種狀態是不會持久的，靈魂一旦脫出此狀態則其必形愈多。

21. 由此不能結論說，其實單純的實體什麼知覺都沒有，也就是根據上述的理由，這事是不可能的。因爲若沒有一種感受—就是他的知覺—則他不會喪亡，也不會存在；但是，一旦有了大量的小知覺，而其中又無任何顯著的知覺時，則他是迷迷糊糊的；猶如一人朝同一方向，繼續自轉，接連多次以後，自然會頭暈目眩，令人昏厥，無法分辨。死亡亦能給予動物經歷一段這種狀態的時間。

22. 猶如一單純的實體的每一現狀，是他前狀的自然結束，這樣，現在的狀況是孕育著未來的狀況。

23. 所以，由昏迷中醒過來的人，意識到自己的知覺，則直接在此刻以前的知覺，他必須也有知覺—雖然對此他沒有意識。因爲一知覺只能自然地從另一知覺而來，猶如一動只能自然地從另一動而來一般。

24. 由此可見，若在我們的知覺中，沒有絲毫特殊和所謂顯著的，以及更強意味的知覺，則我們會常常留在昏迷中，這就是全然赤裸的單子的狀態。

25. 我們亦明察自然給了動物一些顯著的知覺，它細心地供給他們一些器官，以收集許多光線，或者空氣中的波動，並藉他們的聯合，使他們有更大的效果。類似的事在嗅覺、味覺及觸覺，或可能還在許多別的我們不知道的器官上發生。不久我要解釋在魂內所經歷的種種：如何在器官內所發生的事上表現出來。

26. 記憶供給魂一種模仿理智的連貫性，但其與理智應有所分別。我們所明察到的，即當動物有了一些刺激他們之物的知覺之後，而且從前亦曾有過類此的知覺，則藉著他們記憶的表象，其所期待與這前行的知覺相聯的事物，自然會有一些類似當時有過的感覺。例如：你拿木棍給狗看時，他們就回憶起它曾帶給他們痛苦而汪叫逃逸。

27. 打擊他們和激動他們的強烈印象，或來自從前知覺的幅度，或來自他們的數量。因爲往往一強烈的印象，一下子就可產生一長習慣的效果，或一再重複的許多中和覺的效果。

28. 就人的知覺連貫，只藉記憶的原則進行來說，人們的活動是和動物一般。他們猶如土醫，只有單純的經驗，不懂學理，我們在四分之三的行爲上；是憑經驗而行。例如，當你等待明天來臨時，你是憑經驗而行，因爲直到今天，這種常常是如此發生，只有天文學家，才用「理」來判斷事體。

29. 但是必然而永恆眞理的知識，使我們和單純的動物有別，並使我們有理智和知識，提升我們認識自我和天主，這就是人們所稱的我們身上的理性魂或精神。

30. 亦惟藉永恆眞理的知識和其抽象的作用，我們始有能力做一些反省的行爲，使我們思想那我自我之物，並觀察這物或那物是否在我們之內：亦惟由於我們想到我們自己，始聯想到「實有」、「實體」、「單純物」、「組合物」和「非物質物」，並想到「天主」本身；由於了解在我們之內的一切是有限的，我們始知道天主內的一切是無限的，這些反省的行爲，供給我們推理的主要對象。

31. 我們的推理是根據兩大原則，即矛盾律，藉此我們判定「僞」乃那含有僞者，「眞」是那和僞對立的或矛盾者。

32. 其次即那充足理由律，藉此我們認爲沒有一事可是眞的，或存在的，沒有一陳述是眞的，除非有一充足的理由，爲其基準。蓋事物之所以如此，而非別者，雖其中之理由十之八九非爲我人所能知道。

33. 我們有兩種眞理，即理論的眞和事實的眞，理論的眞理是必然的，不可能有其對立的，事實的眞理卻是偶有的。其對立卻是可能的。一眞理爲必然之時，則可藉分析找出其理由，將其分解爲一些觀念，和一些最單純的眞理，一直到最原始的眞理爲止。

34. 此好比數學家用分析將理論的定理和實踐的法規還原爲定義、公理和設準一般。

35. 末了有一些單純的觀念，我們無法將其下定義，此外亦有一些公理和設準，簡言之，即爲一些原始原則，此些我們亦無法予以證明，且亦勿庸說明，此即一些等同敘句，因他們的對立含有顯明的矛盾。

36. 但是，充足理由律，亦必須存在於偶有眞理，或事實眞理中，就是說存於散佈在宇宙中的一連串的事物中。這裡的分析，分解到特殊的理由，能做到一種沒有界限的細目，蓋自然界的事物可有無數的種類，而物體的分類是無窮的。有無數的形態和動態，現在的和過去的，皆可進入爲我現在寫作的創造因；並有無數我人之魂的小傾向和結構，包括現在的和過去的，皆可進入爲目的因。

論天主

37. 因爲這一切細目所包含的，只不過是其他更早的偶有物或更細的細目，他們的每一個細目尚需要有一類似的分析來說明，於是你就不能向前再邁一步；充足理由或最後理由，必須是處於這一連串的偶有物或系列之外，不管他究竟是怎麼的無限。

38. 如是，物的最後理由應當在一必然的實體內，在這裡變易的細目，高超而玄妙，宛如在根源上一般，此即我們所稱的天主。

39. 現在，既然此實體是一切萬殊的充足理由，而此一切萬殊亦是彼此息息相關，則天主只有一個，亦惟此天主爲足夠了。

40. 你亦能斷定這至上實體是唯一的，普遍的和必然的，因爲在它之外，並無獨立之物，且其更爲可能物的單純的連貫，故應爲不能有所限制，並且凡是可能的現實，他均應當具備。

41. 由是，天主是絕對完美的。因爲完美不是別的，只是眞正的積極與現實的偉大，將物中所有的限制和界限放在一邊。而無絲毫界限之處，此即謂天主的完美是絕對而無限的。

42. 由是，萬物由於天主的影響，亦有他們的完美，不過由於他們的本性，不能無限制，故有其缺陷，而他們和天主的分別亦在於此。

43. 天主不但有其存在之淵源，且亦有其本質的淵源，此乃千眞萬確之事。因本質之所以爲現實的，或屬於可能中的現實之物，乃因天主的理智本是永遠眞理的領域，或隸屬於他觀念的領域。倘無天主，則在可能中不會有絲毫現實。不但無實存之物，亦不會有一切可能之物。

44. 所以，如果在本質或可能中，或者在永恆的眞理中有一現實，此現實應當建立在一實在的和現實的事物上；由是，建立在必然之物的存在之上，其本質包含存在，祇要其爲可能的，則其足堪爲現實的。

45. 如上，只有天主（或必然的實在），有這特權，若他爲可能的，則他必須存在。既然無物能阻止一不含任何界限，任何否定，由是不會含有任何矛盾之物的可能，則只此一事實，已足夠使人先天地認識天主的存在，我們還藉永恆眞理之事實，證明此事。但是我們不久之前已以後天論證證明了（天主存在）；由於有偶有之物存在，則除了在自身有其存在理由的必然之物外，無法在別處有他們的最後或充足理由。

46. 然而，我們不應當同某些人一樣地想像，認爲永恆眞理既是屬於天主，則是任意的，隸屬於他的意志。似乎笛卡兒有此主張，此後有波亞雷（Poiret）也有同樣主張，這事只有對偶有的眞理而言是眞的，因爲他們的原則是時宜，或優越的選擇，反之，必然的眞理只是屬於他的理智而已，而且是他的內在對象。

47. 是以，只有天主是原始的單元，或原始的單純的實體。所有生化的單子，或衍生的單子，都是他的產品，可以說他們不時爲天主的一些連續閃爍所產生，爲生化物的容量所限制，因爲有限是生化物的基本特性。

48. 天主有能，是萬物的淵源，更有知，含有萬有觀念的細目，此外更有意志，依照優越的原則促使一切變易或生產，此能、知、意志相稱於生化單子中作爲主體或根基之知覺和欲求之物，但在天主這些屬性是絕對無限和完美的，而在生化的單子，或圓極中（或如Hermolaus Barbarus譯這字爲Perfectihabies）則依照單子的完美與程度來說，他們才是一些仿造品而已。

論宇宙

49. 生化之物就其有完美而言稱爲向外活動；就其不完美而言則稱爲受動。如此，我們說單子有主動，因爲他有一些清晰的知覺；有被動，因爲他有一些模糊的知覺。

50. 而一生化之物比另一生化之物更爲完美，乃因我們發現其具有先天地說明在另一物內所發生之事的理由，因此，人們說他影響另一物。

51. 但是在單純的實體內，一單子之影響另一單子，僅是理想而已，他只能藉天主的干預才具其效果，原來在天主的觀念中，一單子有理由要求天主，於萬物開始時，彼此安排調整，而兼注意到他。由於一生化的單子，無法對另一單子的內部有物理的影響，所以，只有藉這方法，一單子才能和另一單子有隸屬的關係。

52. 亦惟因此，萬物之間始有互相的行動和被動，因爲天主在比較兩個單純的實體時，在每個實體中都發現一些理由，強制他將一個單子適應另一個；由是，一個在某些觀點爲主動者，按另一觀點卻是被動；此所謂主動，乃在於把已身所明晰知曉者，用之於說明所發生於另一物內者。所謂被動，卻在於那發生於自身上之事理由，乃在那明晰地自知在另一物內者。

53. 現在，既然在天主的觀念中有無數的可能的宇宙，而能存在者只有一個而已；則天主的選擇，必有一充足理由，限定他選擇這一個，而非另一個。

54. 而這個理由只能是「時宜」（fitness），或在這些宇宙所含的完美程度中，每一可能的事物依照他所含的完美的程度，有權利要求存在。

55. 這就是優越者存在的原因，天主的智慧使他洞悉單子，單子之美善卒蒙天主所選擇，而其能力卻蒙天主產生它。

56. 現在，一切生化之物和每一物的聯繫，或其適應，暨每一事物和其他一切事物的聯繫或適應，使每一單純的實體有一些表現其他實體的關係，由是，他是宇宙一面永恆的生活的鏡子。

57. 猶如同一座城市，你從不同的角度去看它，顯得完全是另一個樣子，好像它在景緻上變幻多端；同樣，由於單純實體的數量是無限的，故遂有無數的不同宇宙，他們是唯一宇宙的不同的景緻。此只不過是依照每一單子的不同觀點而言。

58. 這就是獲得你所能做到的最多變化的方法，而且具有所能有的最大秩序，也就是說，獲得你所能得到的最多美善的方法。

59. 也只有這假設（我敢說它已是證明了的），恰當地表現出天主的偉大，這也是巴耳先生所承認之事，在他所編字典中（羅蘭利條目），提出一些疑問，在此他滿以爲我形容天主太過份，超過可能的程度，但他不能舉出任何理由，爲何這普遍的和諧，能一切實體，藉其所有的關係，完美地表現其他一切成爲不可能的。

60. 此外，在我剛才的陳述中，你知道事物爲何不能以別的方式去進行的先天理由，因爲天主在安置全體時，注意到了每一部分，特別是注意到了每一個單子；他的本性既然是代表作用，則無物會限制他只表現一部分事物。雖然，此表現確實在全宇宙的細目中，只不過是模糊的，而且只有在事物的一小部分中，他才能是明晰的，對每一單子的關係來說，那些是最靠近的或最大的部分才是明晰的，不然，每一單子都是天主了，單子之限度，不在對象上，乃在認識對象的模式上，他們皆恍惚趨向無限，趨向大全；但是，他們爲明晰的知覺程度所限制所區別。

61.在這方面，組合物是和單純的實體相同，因爲既然一切是充實的，這使全部物質聯結。而且既然在充實中，一切運動依照距離的遠近，對物體都有一些影響，如此，每一物體，不但對切膚之物體有感應，對自身的一切遭遇有反應，而且藉著他們，對直接接觸到最先的物體者亦有反應。由是，這交往通到任何距離，於是一切物體，對宇宙發生的事，都有感應；如此，那洞察一切者，能在每一物內讀出（知曉）各處所發生的事，連那已發生過和未發生的事都能洞悉。視遠者，不管是屬於時間上或空間上的遠，皆歷歷猶在目前，希波克拉底（Hippocrates）曾說：「一切同謀」（Sympnoia Panta），但是，一個靈魂在其自身所能讀出者，只是明晰表現之，他不可能頃刻間將其所摺疊者悉予展開，因爲他們是通往無限的。[2]

62.所以，雖然每一個生化的單子表現全體宇宙，但他更明晰地表現他所特別關切和爲其圓極的物體，猶如此物體，藉在充實中的一切物質的聯繫，表現全體宇宙，靈魂在表現特別屬於他的身體之物時，亦表現全體宇宙。

【2】譯註：希波克拉底，希臘名醫，爲西方醫學之祖。

63. 屬於一個單子的身體，單子能成爲其圓極或魂，它和圓極組成人們所謂的生物，又和靈魂組成人們所稱的動物，現在，一生物或一動物之身體常是有機體，因爲一切單子既然是他自己宇宙的一面小鏡，而且宇宙之管理，井然有條，絲毫不爽，則於表象宇宙時，必須亦表象此道，即在魂的知覺中，由是在身體中，依此道表象宇宙。

64. 爲此，每一生物的身體，是一種神奇的機器或一種自然的自動機，遠勝過一切人造的自動機，因爲一個經由人工所造的機器，並非其每一部分都是機器，例如：一個黃銅做的輪齒，有一些部分或零件，對我人來說，根本不是人工的東西，而且照這機器所有的用途來說，也沒有絲毫機器的特徵，但是自然的機器，即活的身體，其最小部分，直到無窮小的部分，還是一些機器。就是這事使自然與藝術有差別，就是說天工與人工的差別。

65. 而自然之創造者能做這神奇、無窮、玄妙的工作，因爲物質的每一分子，不僅如古人所承認的，可以無盡地分割，而且實際上可以無盡地再分割，每一分子再分割爲許多部分，每一部分都有自己的運動；不然，物質的每一部分能表象整個宇宙將是不可能的了。

66.由此可見，在物質的最小分子中，有一生化之物，生物、動物、圓極，魂的宇宙。

67.物質的每一分子，你能設想他如長滿花木的庭園，又如一養滿魚族的池塘。但此花木之每一枝條，此動物之每一肢體和他的每一滴液體，仍是一個這樣的花園或一個這樣的池塘。

68.雖然庭園中花木間的土及空氣，或池塘中魚之間的水，不是花木和魚，但是它們仍然含有花木和魚，但是往往是如此精微細小，而非吾人所能覺察。

69.所以宇宙中，沒有荒蕪、和死亡之物，也沒有混沌、紛亂之跡象，如有之，也只是表面而已。這有些像在一遠處的池塘中所發生的一般，你會看見池內模糊的盪漾和魚的騷動，但不能察見魚。

70.由此可見，每一活的物體有一主要的圓極，他在動物中稱爲魂，但此物體的肢體，充滿著其他的生物、植物、動物，他們每一個仍然有自己的圓極，或其顯著的魂。

71.但是，有一些人誤解了我的思想，你不應當和他們一般設想每一魂有一份物質，永遠是他所固有的，或永遠分配給他。由是以爲他所擁有的其他低級生物，常是爲他服務。因爲一切物體，猶如一些河流，皆在永遠不息的洪流中，不斷地有分子進去，有分子出來。

72. 爲此，魂之變爲肉身，只是漸漸地，逐步地進行，這樣他不會突然喪失他的一切器官；在動物中往往有變形的事，但絕對沒有輪迴或魂的喬遷的事，也沒有完全脫離身體的靈魂，及不具肉體的精靈，唯有天主是完全和肉體分開的。

73. 亦就是這事使絕對不會有完全的生育和完全的死亡。因爲死亡嚴格地乃在於與魂的分離，而我們所稱呼的生育，原是一些發展和生產，猶如我們所謂的死亡，是一種萎縮和減少。

74. 過去哲學家對於形式、圓極或魂的來源問題，束手無策，但在今天，由於對植物、昆蟲和動物做了一些正確的研究，我們已看到自然界的有機體，本非一混沌或腐爛的產物，而常是經由一些種子而來，無疑地在這些種子中，有一些「前形」（Preformation）存在；有人斷定，在孕育之前不但已有有機體存在，且有這身體內的魂存在，約言之，即動物本身存在。乃藉著孕育此動物準備接受一個偉大的變化，成爲另一種動物。類似的事例亦能在生育以外看到，猶如蛆之變成蠅，和蛹之化成蝴蝶。

75. 有些動物藉著孕育發展到最大動物的等級，牠們可稱之爲精蟲；但其中那些留在他們種類中的，即大部分動物的生育、繁殖和死亡，一如大動物然，只有少數特選者，才能進入更大的舞臺。

76. 但這只有一半的眞理而已；我於是斷定，若動物不是自然地開始，則亦不是自然地終結，不但沒有完全生育，而且也沒有完全的消滅，和嚴格死亡的餘地。這些後天的，由經驗而得的推論，特別和我上面所引的原則符合。

77. 如此，你可以說，不但魂（一個宇宙不滅的鏡子）是不能滅亡的，而且動物本身亦是不能滅亡的，雖然他的機器，往往有一部分喪亡；而揚棄或拾取一些有機的遺骸。

78. 這些原則，使我能自然地說明靈魂和有機體的結合或協調，魂隨著其固有的規律，身體亦隨其固有的規律，藉一切實體間的預定和諧之力，他們彼此相遇，因爲他們都是同一宇宙的一些表象。

79. 魂的活動乃藉著欲求、目的和方法進行，遵循目的因之定律。而身體的活動卻是遵循創作因或動的定律，皆不出此二領域之外。即創作因的領域和目的因的領域，彼此之間是和諧的。

80. 笛卡兒承認，魂不能供給身體絲毫的能力，因爲在物質中常有等量的能力，然而他卻相信魂能改變身體的動向。但是這是因爲他當時尚不知道這自然律，還具有物質中全部動向保存律，倘若他注意了這事，他會達到我的預定和諧的體系。

81. 這體系使身體活動，好像（照不可能的說法）沒有魂存在一般；而使魂活動，好像沒有身體存在一般；而使二者一起活動，好像一個影響另一個一般。

天主之城

82. 至於精神，或靈魂，雖然我發現在其深處，有一切我們剛才說過的生物或動物的同樣特性；（即動物和魂不先於宇宙開始，亦不後於宇宙結束），然而在理性動物中有此特點，即他們微小的精蟲動物，以其僅是動物的精蟲而已，只有普通魂或覺魂；但是一旦這些被選了，可以說是藉一實際的孕育，進展到人性境界，則他們的覺魂進展到理性等級，而獲得精神特恩。

83. 一般魂和精神間之差別，我已說了一部分，在別的差別之中，還有這一般地魂是生化物宇宙中的活鏡子或肖像；但是精神還是天主的或自然的創作者的肖像，能認識宇宙之體系，並且藉一些建築的樣本，向他學習幾樣事件；因爲每一精神在他的天地內，猶如一小天王。

84. 就是爲這緣故，精神能同天主進入一種社交關係，天主之於他們，不但是如同發明家之於他的機器（如同天主之對其他生化物一樣）而且還是如同一位君王之於他的屬下，以及如一位父親之於其孩子的關係。

85. 由是，不難結論，全體精神的會合，應組成天主之城，就是說，一個有最完美的國王領導的最完美的國家。

86. 這天主的城，這個眞正大同世界的王國，是一存在於自然宇宙中的倫理宇宙，它在天主的工作中是最高尚、最神聖的。天主的眞光榮，就在於此，因爲假使祂的偉大，祂的美善不爲這些精神所認識與景仰的話，則無光榮可言；也就是因爲與這個天主之城的關係，才有眞正的美善，而祂的智慧和祂的能力到處照耀。

87.因爲上面我們已證明了二自然領域間的完全和諧，即一是創造因的領域，另一是目的因的領域，這裡我們還需指出自然的物理領域和聖寵的倫理領域間的另一種和諧，即被視爲宇宙機器建築師的天主，和被視爲精神天城國王的天主之間的和諧。

88.這和諧使事物通過自然之道而抵達聖寵的境界，例如經由自然之道在精神管理的要求之下，爲了懲罰一些或嘉獎另一些，應該毀滅或修改這個地球。

89.而且你可以說，作爲建築師的天主，事事滿意猶如作爲立法者的天主，因此，罪惡乃自食其果，是循自然之道，及藉萬物的機械結構之力。同樣善行亦招來其報酬，乃經由其和肉身關係的機械之道，雖然這賞罰不可能，也不應常常立刻兌現。

90.末了，在這完美的統治之下不會有無報酬的善行，也不會有不受懲罰的惡行，而且一切皆應爲善人有益，就是說，爲那些生活在此大國中，絲毫無怨尤者之益處，在其盡己之後，他們託靠上帝照管，並且盡心愛慕，效法諸善之創作者，於欣賞其完美之時，陶然自然，隨從眞的純愛之理，於其所愛者之幸福中，獲得欣慰，就是這事使賢德才智之士致力於一切合乎天主意志之事，而對天主以其隱祕的、當然的和決然的意願使之實際發生的事，感到滿意，因爲知道；不管此意志爲設準的或預定的，假若我們能充分明瞭宇宙之道，我們發現它是超過最賢者之一切期望，並且是無法使它成爲比現狀更好，這不但是對普通全體而言是如此，而且特別是對我們自身而言是如此，假若我們盡力和大全之創作者聯合，不但猶如與建築師，及與我們存在的創作因聯合，而且是猶如與我們的導師，與最後目的因聯合，祂應當是吾人意志的一切目的，唯一能製造我們的幸福者。

萊布尼茲年表

年代	生平記事
一六四六年	六月廿一日（新曆七月一日），生於德國萊比錫（Leipzig），取名哥弗理德·威廉·萊布尼茲（Gottfried Wilhelm Lebniz），其父為萊比錫大學的倫理學教授。萊氏聰慧過人，自幼即被稱為「神童」（Wundenkind），尤酷愛歷史與書籍。
一六五四年	學會拉丁文，能讀拉丁文著作，亦能作拉丁詩。
一六五八年	學會希臘文，能自解疑難，也學邏輯學。
一六五九年	讀蘇亞萊（Suarez）著作，猶如他人之看小說。
一六六一年	入萊比錫大學攻讀法律，但先在文學院讀兩年哲學，以詹姆托馬休（Chr. Thomasius, 1655-1728）為其師，接觸近代哲學家如培根、霍伯、伽森提（Gassendi）、笛卡兒、柏克萊、伽利略等之著作，對士林哲學亦常涉獵，其思想律徘徊於亞里斯多德之實體形式、目的因與近代機械主義之間，最後，機械主義占上風，設法與亞氏思想配合。康德前期之哲學家，以萊氏受亞里斯多德與士林哲學之影響最深。
一六六三年	以《個體原則論》（De Principio indvidui）獲得學士學位。其後繼續唸法律，共三年。同年曾赴耶那（Jena）研究數學，拜哀哈魏格（Erhard Weigel）為師。

一六六六年	因年幼校方不授予博士學位，遂赴諾林堡（Nuremberg）之亞力弗（Altdorf）大學，獲法律博士學位。校方聘請為教授，萊氏婉拒之，結識當時名政治家若望包納步（Johann Von Boineburg）。
一六六七年	包納步帶萊氏到法蘭克福（Frankfurt），介紹給孟茵總主教（Mainz Johann Philipp von Schonborn）。撰寫《法律教學新法》（Nova Methodus docendae disecndaeque jurisprudentiae）為孟茵總主教參贊，協助處理各種要務，尤以科學及政治方面之文件為主。
一六七一年	撰寫《新物理學之假設》（Hypothesis physicae novae）。
一六七二年	出使巴黎，遊說法國國王不要侵犯荷蘭，法王不採納其建議。包納步逝世，遂留居巴黎，結識安東亞諾德（Antoine Arnauld）、馬萊勃朗士、克利丁霍根斯（Christian Huygens）、鮑蘇愛（Bossuet）樞機等。
一六七三年	奉命訪英倫，結識歐登堡與包萊（Bayle Robert）。三月孟茵總主教逝世，遂失業，但不久與白朗威克伯爵（Brunswick-Luneburg）訂約，受聘為漢諾威伯爵圖書館長，但仍寄居巴黎。
一六七五年	發明微分法。

一六七六年	發明微積分。萊氏未知牛頓於十年前已發明，而於一六八四年公布微分法，一六八六年公布微積分。
一六七六年	回德國，取道倫敦、阿姆斯特丹、海牙而抵達漢諾威。在海牙會晤斯賓諾沙，在此前曾與斯氏通訊，此次會面後開始常批評斯氏，稱他為自然主義、盲目之必然主義、否認自由與天主照管之無神論者。在白朗威克家工作，編其家譜，但其興趣仍舊為多方面。
一六八二年	出版《博學事錄》（Acta Eruditorum）。
一七〇〇年	由莎菲亞之協助，到柏林，同年創柏林科學協會，被選為第一任主席，此協會為普魯士科學院之前身。撰寫《原神論》，並致力基督教合一運動（Systema Theologicum）、基督教國聯盟或歐洲聯盟。
一七〇五年	莎菲亞逝世。
一七一一年	基督教國聯盟對抗非基督教國運動失敗，從此，未再前往柏林與沙皇彼得大帝聯絡。關心中國及遠東文化。
一七一二年—一七一四年	漢諾威選舉侯成為英國喬治一世，但沒有邀萊氏到倫敦。
一七一六年	溘然長逝。

人師·經師

二〇〇九年二月十八日一早接到花蓮法蒂瑪張修女的電話，說：「主教昨晚九點多走了。」我說：「我就來。」十二點多到花蓮保祿靈修院——錢主教這幾年住的地方，見到張修女，相擁而泣，我拍拍修女的背說：「走了也好。」主教已著上主教服，安詳的躺著，一如往昔，臉上沒有痛苦的樣子，只是蒼白了些。

在赴花蓮的火車上，我心裡嘀咕著：「事還沒有做完，怎麼就走了呢？」五年來，因爲我兒子志仁在慈濟大學，我就要求在空大的劉仲容教授（也是主教的愛徒），安排到花蓮空大面授，因此有機會每月一次到花蓮，住在保祿靈修院，可以和主教說說話，參加週日早上的彌撒，彌撒結束後吃早餐，餐後散步看修女養的鵝；偶爾充當跟班，和他到崇德教堂，到老人安養院做彌撒，上窮人聖母山莊朝聖，到附近的步道散散步，雖然時間不多，但每一次都如沐春風。有一次我問了笛卡兒的cogito ergo sum是否受到耶穌會的影響，主教突然冒出一句：「好久沒人和我談哲學了。」

十八日在回臺北的火車上，想著想著無明的淚奪眶而出。想想從入哲學系、研究所、博士班，都在主教的掌理中度過。看到他對學生的愛護，對老師的尊敬，尤其是周紹賢老師、蕭師毅老師，在他們退休後，依然無私的照顧。帶我們碩、博士生拜訪方東美老師；上中山樓拜見吳經熊博士，請嚴靈峯老師；聘書每親自送達，讓我們有機會能親受這些不世出的老師的教導。

蒙主的恩寵，這幾年能在老師身邊和他說說話，幫他整理書房，聽他談些往事。二月二十八日是老師殯喪彌撒及火化的日子，我一直跟到將老師的白骨背回花蓮主教大堂安置後才回臺北；四十天後有一個悼念彌撒（這是原住民的禮儀），張修女曾給我一份她半夜被主教叫醒，寫了些主教的事的文稿。寫著，主教對別人的要求，從來不說不，對教宗保祿六世的愛，對基督的景仰與依恃、對天主的感思；從錢主教的一生中可以看到諄諄於眞理、生命、道路的最好榜樣。

超群學弟感佩主教的恩澤教化，將主教的舊作重新整理，商請五南文化事業機構出版，這是一個很重要的起步。錢主教的理性主義諸書：理則學、論指謂、多瑪斯的二十四題綱譯註等著作都是經典之作，日後如能逐步整理出版，能讓主教的思想影響後進。

李匡郎

於天主教輔仁大學羅耀拉大樓

（筆者曾任職於天主教輔仁大學全人教育中心副教授）

名詞索引

一畫

二畫

三畫

四畫

五畫

六畫

經典名著文庫 016

單子論

作　　者 —— 萊布尼茲（Gottfried Wilhelm Leibniz）
譯　　者 —— 錢志純
策劃／整理 —— 王超群、「開放社會中心」
發 行 人 —— 楊榮川
總 經 理 —— 楊士清
總 編 輯 —— 楊秀麗
文庫策劃 —— 楊榮川
主　　編 —— 王正華
責任編輯 —— 金明芬、張維文
封面設計 —— 姚孝慈
著者繪像 —— 莊河源
出 版 者 —— **五南圖書出版公司**
地　　址 —— 臺北市大安區 106 和平東路二段 339 號 4 樓
電　　話 —— 02-27055066（代表號）
傳　　眞 —— 02-27066100
劃撥帳號 —— 01068953
戶　　名 —— 五南圖書出版股份有限公司
網　　址 —— https://www.wunan.com.tw
電子郵件 —— wunan@wunan.com.tw

法律顧問 —— 林勝安律師
出版日期 —— 2009 年 8 月初版一刷
2018 年 5 月二版一刷
2023 年 3 月三版一刷
定　　價 —— 200 元

國家圖書館出版品預行編目資料

單子論 / 萊布尼茲著 ; 錢志純譯 . — 三版 . — 臺北市 : 五南圖書出版股份有限公司 , 2023.03
面 ; 公分
譯自 : La monadologie
ISBN 978-626-343-844-6 (平裝)

1.CST: 萊布尼茲 (Leibniz, Gottfried Wilhelm, Freiherr von, 1646-1716) 2.CST: 學術思想 3.CST: 宇宙論 4.CST: 理性主義

147.31　　　112001989